Die Psychoanalyse und das Geld

EDITION PANDORA

Herausgegeben von
Gennaro Ghirardelli

Band 32

Serge Viderman

Die Psychoanalyse und das Geld

Edition Pandora

CAMPUS

Serge Viderman

Die Psychoanalyse und das Geld

Aus dem Französischen
von Ronald Voullié

Campus Verlag · Frankfurt/New York
Editions de la Fondation Maison des Sciences
de l'Homme · Paris

Die französische Originalausgabe erschien 1992 unter dem Titel
De l'argent en psychoanalyse et au delà bei Presses Universitaires de France.
Copyright © 1992 by Presses Universitaires de France, Paris

Dieses Buch erscheint im Rahmen eines 1985 getroffenen Abkommens
zwischen der Wissenschaftsstiftung Maison des Sciences de l'Homme und
dem Campus Verlag. Das Abkommen beinhaltet die Übersetzung und
gemeinsame Publikation deutscher und französischer geistes- und
sozialwissenschaftlicher Werke, die in enger Zusammenarbeit mit
Forschungseinrichtungen beider Länder ausgewählt werden.

Cet ouvrage est publié dans le cadre d'un accord entre la Fondation Maison
des Sciences de l'Homme et le Campus Verlag. Cet accord comprend la
traduction et la publication en commun d'ouvrages allemands et français
dans le domaine des sciences sociales et humaines. Ils seront choisis
en collaboration avec des institutions de recherche des deux pays.

Die Deutsche Bibliothek – CIP-Einheitsaufnahme

Viderman, Serge :
Die Psychoanalyse und das Geld / Serge Viderman. Aus dem
Franz. von Ronald Voullié. – Frankfurt/Main ; New York :
Campus Verlag ; Paris : Ed. de la Fondation Maison des
Sciences de l'Homme, 1996
(Edition Pandora ; Bd. 32)
Einheitssacht.: De l'argent en psychanalyse et au delà ⟨dt.⟩
ISBN 3-593-35483-7 (Campus Verlag)
ISBN 2-7351-0704-3 (Ed. de la Fondation Maison des Sciences de
l'Homme)
NE: GT

Copyright © 1996 für alle deutschsprachigen Rechte
Campus Verlag GmbH, Frankfurt am Main
Umschlaggestaltung: Atelier Warminski, Büdingen
Satz: Typo Forum Gröger, Singhofen
Druck und Bindung: Druckhaus Beltz, Hemsbach
Gedruckt auf säurefreiem und chlorfrei gebleichtem Papier.
Printed in Germany

Inhalt

MAN BLEIBT IMMER EIN KIND
SEINES JAHRHUNDERTS

Das Jahr 1907 sollte von den Psychoanalytikern mit einem *weißen Stein* gekennzeichnet werden, wie es in einer französischen Redewendung heißt.[1] Sie bezeichnet treffend den Verdrängungsvorgang, der Weiß sagt und an Schwarz denken läßt.

Im darauffolgenden Jahr erschienen drei Seiten der ersten deutschen Fassung von *Charakter und Analerotik*.

Drei kurze Seiten nur, die allerdings im Werk Freuds nicht ihresgleichen haben, was die Dichte der Darstellung, ihre Bedeutung, die Skepsis, die es hervorrief, und die Ablehnung, die es provozierte, betrifft. Und dennoch. Zu diesen drei Seiten fällt einem die bewundernde und zugleich erschrockene Bemerkung von Breuer ein: »Freud ist im vollsten Schwunge seines Intellekts; ich schaue ihm schon nach wie die Henne dem Falken.«[2]

Die früheste Erwähnung der Verbindung, die Freud zwischen Geld und Geiz einerseits und Fäkalien andererseits herstellt, findet sich höchstwahrscheinlich in einem Brief an Fließ

---

1 Einen Tag oder ein Ereignis mit einem *weißen Stein* zu kennzeichnen, also sozusagen »ein Kreuz im Kalender zu machen«, kann im Französischen mit »marquer un jour ou un événement d'une *pierre blanche*« ausgedrückt werden. [A. d. Ü.]
2 Brief von Breuer an Fließ vom 5. Juli 1985, hier zitiert nach: Sigmund Freud, *Briefe an Wilhelm Fließ 1887–1907*, Frankfurt 1986, S. 136 (Fußnote). [A. d. Ü.]

vom 22. Dezember 1897.[3] Schon hier zeigt sich das entschiedene Denken und die erstaunliche Fähigkeit zur verallgemeinernden Begriffsbildung, die man bei einem ersten Entwurf nicht erwarten würde.

Freud hat in diesen wenigen Zeilen an Fließ die begriffliche Bestimmung des Wesens der Zwangsneurose vorangetrieben. In seinen späteren Arbeiten hat er sie zwar noch vertieft, aber im Grunde nicht mehr verändert.

Freud behauptet, es bestätige sich, daß bei der Zwangsneurose das Verdrängte durch die *Wortvorstellung* und nicht durch den ihr anhängenden Begriff, der ihr intellektuelles Gegenstück ist, durchbricht. Daher sind in der Zwangsneurose die bei ihrer Verbalisierung logisch voneinander am weitesten entfernten und disparatesten Dinge unter einem mehrdeutigen Wort vereinigt. Es ist schwierig, nur aufgrund einer Eingebung mehr darüber zu sagen, denn diese Begriffsbestimmung wurde ja mehr als zehn Jahre vor den Lehren vorgenommen, die aus der Analyse des *Rattenmannes* gezogen wurden. Sie bringt auch viel früher den Grundgedanken der Mehrdeutigkeit der Sprache zum Ausdruck. Gerade diese Eigenschaft der Mehrdeutigkeit macht den Reichtum jeder Sprache aus und bestimmt zugleich die Rolle, die sie in der Struktur der Zwangsneurose spielen sollte.

Wie auch immer sein vorsichtiges Tasten und seine Zurückhaltung – im Jahre 1897! – ausgesehen haben mag, Freud bleibt nicht bei punktuellen und vereinfachenden Bemerkungen stehen. Und es ist wunderbar, einen Geist von dieser Spannkraft sozusagen *in statu nascendi* dabei zu beobachten, mit welcher Perfektion er bereits die Grundlagen einer der geheimnisvollsten Krankheiten entwirft, und das mit einer Konstruktion, die, im geistigen Bereich, mit einem der sogenannten Sieben Weltwunder verglichen werden kann.

---

3 Vgl. ebd., S. 312 ff. [A. d. Ü.]

Freud führt hier die kurze Krankengeschichte eines Mädchens ein, das eine Nähschule besucht. Die Hauptobsession (und das Deutsche bringt sehr gut zum Ausdruck, wo der aktive Kern dieses Zustandes liegt, wenn es ihn mit dem Wort *Zwang* bezeichnet) dieses Mädchens besteht darin, durch den auf seinem Geist lastenden Druck die freie Entscheidung über sein Verhalten verloren zu haben. Eine Triebkraft verbietet ihm, mit der Arbeit *aufzuhören*. Es ist sich in keiner Weise bewußt, was es zu ununterbrochener Arbeit zwingt. Es muß weitermachen, als ob die unheilvolle Anziehungskraft einer dritten Instanz es über seine Schnittmuster, Heftfäden, Steppnähte, Säume und andere Anforderungen dieser kleinen Hand, die keine Ruhe kennt, beugte. Es muß seine Sisyphusarbeit an der Nähnadel einfach fortsetzen. Sobald es aufhört, wird es von Angst überflutet und erneut an seine Maschine gekettet. Es muß unter dem eisernen Zwang der Obsession immer weitermachen. Seine Lehre wird niemals enden, da das, was es seiner Vorstellung nach noch zu lernen hat, unendlich ist.

Diese ewige Schülerin hätte eine der doppeldeutigen Heldinnen von Arthur Schnitzler sein können, dessen tiefe Intuitionen Freud bewunderte und fürchtete, da sie ihn mit einem schnellen und unfehlbaren Blick entdecken ließ, was er selbst, das arme Huhn vom Hinterhof (jeder ist immer die Henne eines Adlers), nur mit übermenschlichen Anstrengungen erfassen konnte.

Aber Freud läßt sich von diesem Drang, dessen sichtbare Seite nur einen pathologischen Hang zur Perfektion aufweist, nicht irreleiten. Sein Blick ist nicht durch den unwiderstehlichen Willen getrübt, es immer besser *machen* zu wollen, sich nicht mit dem zufrieden zu geben, was bereits fertig ist, und die Arbeit, mit der man gerade beschäftigt ist, hundert Mal neu machen zu wollen, solange sie nicht den imaginären Perfektionsgrad erreicht hat, der in dem Maße, wie die Arbeit vorangeht, immer wieder wie eine Fata Morgana zurückweicht. Und es ist wirklich eine Wüste, in der das Mädchen seine Tage verbringen muß. Für es selbst ist seine Arbeit niemals *fertig*.

Aber das Wort *machen*, stellt Freud fest, hat in diesen Fällen keine festgelegte lexikalische Bedeutung. Das Wort *machen* kann hundert semantische Kombinationen eingehen. In diesem Abschnitt seines Briefes nimmt Freud, ungefähr fünfzehn Jahre früher, die Arbeiten des deutschen Linguisten Hans Sperber über den sexuellen Ursprung der Sprache vorweg. Am Ende dieses Abschnittes schreibt er: »Eine alte Phantasie von mir, die ich Deinem linguistischen Spürsinn empfehlen möchte, handelt von der Abkunft unserer Tätigkeitsworte von solchen ursprünglich kopro-erotischen Terminis.«[4] Am Anfang war das Wort, heißt es in der *Genesis*. Am Anfang, das heißt, *als sprechen noch machen war*, doch am Anfang dieser Allmacht des Gottes der Bibel handelte es sich vor allem noch um die bescheidenste Funktion, die so bezeichnet wurde.

Von der Erhabenheit der Weltschöpfung bis zu den Ausscheidungsfunktionen ist es nur ein kleiner Schritt, den Freud kühn und ohne zu zögern gemacht hat. Freud bezeichnet sich selbst als einen neuen Midas, wenn auch als einen umgekehrten Midas, da sich alles Gold, das er berührt, in Dreck auflöst.

So gesehen, zöge man es eher vor, ein Midas im eigentlichen Sinne zu sein; und was das Sterben angeht, so wäre es vielleicht besser, wenn es einen neben einem Haufen von nicht eßbarem Gold als neben einem Haufen von Fäkalien erwischt, der erst recht nicht eßbar ist. Außerdem macht der Fäkaliengeruch uns Erwachsenen, die wir seine früheren Wonnen vergessen haben, den Tod recht unerfreulich. Und überdies kann ein Haufen Gold – da man niemals weiß, wie unergründlich die Wege der Vorsehung sind – immer weitergegeben werden; wenn man ihn vor fremden Blicken verbergen kann (das Gold liebt die Dun-

---

4 Brief vom 22. 12. 1897 an Fließ.

kelheit), kann er vielleicht sogar dem entgehen, was die Eigentümer am meisten fürchten, nämlich der Gier des Staates, der die Vermögen am Ende noch schmälert.

Gold stinkt. Geiz ist »schmutzig«. Alle Geburtsgeschichten, Fehlgeburten und Menstruationen gehen über das Wort *Abort* (das im Deutschen die doppelte Bedeutung von WC und Abtreibung hat) immer auf den Lokus zurück.

Die geheimnisvollen Grundzüge der Zwangsneurose bleiben, oberflächlich gesehen, ebenso unverständlich wie ausländische Zeitungen, die beim Überschreiten der Grenze der russischen Zensur unterworfen werden. Worte, ganze Satzstücke und Sätze werden geschwärzt, so daß der Rest unverständlich wird.

Die Abwehrmechanismen, dort die eines autokratischen Staates, hier aufgrund der Verdrängung, machen aus der Zwangsneurose einen Text, der der Schere der »russischen Zensur« *sui generis* zum Opfer gefallen ist. Die Aufgabe des Psychoanalytikers besteht darin, die Bilderrätsel, die durch die *Abwehrcodierungen* zustande gekommen sind, zu lösen, die Leerstellen zu füllen und den ursprünglichen Text wieder herzustellen.

Hier sieht man, wie in einem feinen, kaum sichtbaren Gewebe eines der Grundmuster des freudschen Denkens zum Vorschein kommt. Freud erfaßt zwar die Bedeutung der Sprache und ihrer Polysemie, aber aufgrund einer Eingebung, der wir noch nachgehen müssen, öffnet er die Blende seines Objektivs nur, um sie sogleich wieder zu schließen. Die Tiefe des Bereiches, den er uns auf diese Weise entdeckt, ist aber trotzdem deutlich sichtbar. Dieser *Pas de deux* eines zögernd vorgetragenen langsamen Walzers ist eine Illustration für den permanenten Widerspruch zwischen der prophetischen Tiefe seiner Sichtweise und dem begrifflichen Rahmen der damaligen Zeit, der diese Sichtweise noch nicht einschloß.

»Die Personen, die ich beschreiben will, fallen dadurch auf, daß sie in regelmäßiger Vereinigung die nachstehenden drei Eigenschaften zeigen: sie sind besonders *ordentlich, sparsam* und *eigensinnig.*«[5]

Die Beziehung, die Freud zwischen diesen drei Eigenschaften herstellt, gehört zur pragmatischen Kategorie des Nützlichen, beziehungsweise der *Funktionalität*. Diese Beziehungen können ein überraschendes Licht auf die Genese der genannten Charakterzüge werfen, aber sie können nicht beanspruchen, diesen *Vereinigungen* eine ganz bestimmte Reihenfolge zuzuschreiben, die ein regelmäßiges Auftreten und ein konstantes Wiederauftauchen derselben Abläufe garantierte.

Man kann die Beziehung, die Freud zwischen diesen drei Charakterzügen und den prägenitalen analen Fixierungen herstellt, aber dennoch für *signifikativ* halten. Nicht nur, daß in ihr Bedeutungen so übertragen werden, wie ein sprachlicher Signifikant in einer absolut invariablen und absolut willkürlichen Weise auf ein und dasselbe referentielle Signifikat zurückverweist, sondern sie ordnet auch ein Triebuniversum, das einzig durch die Konversion in entzifferbare Zeichen erkennbar ist. Was uns von der Eigenschaft *sui generis* der Verbindung, die man zwischen dem analen Trieb und der Entstehung dieser Charakterzüge für kohärent halten kann, überzeugt, ist die Tatsache, *daß die Reihenfolge der Abläufe umkehrbar ist.*

Ich bin mir der relativen Unklarheit meiner Ausführungen genügend bewußt, um das Bedürfnis zu verspüren, sie zu verdeutlichen, damit mein Leser mich nicht vorzeitig verläßt. Anders gesagt: jedesmal, wenn ihr über euren Köpfen das Geräusch vernehmt, das Jupiter erzeugt, wenn die Räder seines Wagens mit einem furchtbaren Donnergetöse am Himmel entlang ziehen, und wenn ihr Angst vor diesem Gewitter habt,

---

5 S. Freud, *Charakter und Analerotik*, in: GW Bd. VII, S. 203 (die Hervorhebungen stammen von Freud).

dann nützt es nichts, sich unter der Treppe zu verkriechen, denn der Blitz hat bereits woanders eingeschlagen. Blitz und Donner gehören zusammen, nur ihre Geschwindigkeit ist unterschiedlich. Auf den Blitz folgt in unterschiedlichem Abstand der Donner. Aber gilt das gleiche auch für die Wechselfälle der Erziehung der Schließmuskeln in der analen Phase und für das, was sich als *Charaktereindruck* (in dem Sinne, in dem das Wort den psychologischen Charakter und das Schriftzeichen des Schriftsetzers bezeichnet) einprägen wird?

Man kann nicht vorhersagen, welche von den hundert völlig verschiedenen Weisen der Abrichtung des Schließmuskels und der Charakterbildungen sich durchsetzen wird. Sie entwickeln sich im Laufe einer Geschichte, die, wollte man sie von vornherein festlegen, noch bevor sie ihre Möglichkeiten entfaltet hat, ebenso vergeblich und wirkungslos wäre wie der Versuch des Laios, seinem Schicksal zu entgehen. Laios hat keine Geschichte, die Götter haben ihm sein Leben gestohlen. Der Wolfsmann war, soweit ich weiß, nicht sehr ordnungsliebend, er war ein Bojar und kein deutsches Sofakissen. Er warf das Geld, das er in reichlichem Maße besaß, lieber aus dem Fenster, anstatt es vorsorglich zur Wiener Stadtsparkasse zu tragen. Und Freud hat sich sicherlich auch nicht vier Jahre lang mit Bohnen bezahlen lassen. Es war eine der längsten Analysen von Freud. Vier lange Jahre – normalerweise entließ er seine Patienten nach sechs Monaten.

Der Rattenmann blieb nur elf Monate in der Analyse, und am Ende dieser erstaunlich kurzen Zeit entließ Freud ihn als *geheilt*. Freud kommt gleich zu Beginn des Textes darauf zu sprechen, daß die spezifische *Sprache* der Neurosen unserem bewußten Denken verwandter ist als der hysterische Ausdruck. Nur die Hysterie konnte in seinen Augen das Paradigma der Verbindungen zwischen dieser Neurose und der Sprache bilden. Die Semiologie anderer Neurosen – darin eingeschlossen die der Zwangsneurose – wäre nur eine degenerative Transformation dieser grundlegenden Sprache, die der Hysteriker spricht, eine Art von seltsamer Mundart, ein Dialekt, durch den er die übermächtige Fremdheit signalisiert. Wie Freud feinsinnig bemerkt, fehlt der Sprache der Zwangsneurose vor allem jener *Sprung* aus dem Seelischen in die somatische Innervation – ein spezifisches Phänomen, das die geheimnisvolle hysterische Konversion bewirkt.

Eine Sexualität, die bei diesem »kleinen Lüsternen«[6], wie Freud sich ausdrückt, vorzeitig von verführerischen Dienstmädchen geweckt wurde, ruft in ihm ein Schuldgefühl hervor, das dazu führt, daß sich tief in seinem Unbewußten der folgende Gedanke bildet: *als Strafe für meinen Wunsch, eine Frau nackt zu sehen, muß mein Vater sterben.*

Man sieht hier, und Freud betont das ausdrücklich, daß bei der Zwangsneurose die erste pathogene Rolle durch eine frühzeitig erwachte (phallische) sexuelle Aktivität gespielt wird.

Man kann kaum noch erkennen, welche Rolle bei dieser schweren Zwangsneurose die analen Fixierungen und die Hauptzüge des analerotischen Charakters, die ihm mit der Untrennbarkeit des Körpers und seines Schattens beigelegt sein müßten, spielten. Gewiß, er ließ die Geldscheine bügeln, damit keine gefährlichen Bakterien daran kleben blieben, die dem Empfänger Schaden bringen könnten. Aber diese rührende Gewissenhaftigkeit hinderte ihn trotzdem nicht daran, ohne übermäßige Gewissensbisse auf Liebesabenteuer auszugehen. Er lud junge Mädchen aus gutbürgerlichen Häusern ein, in denen er die Rolle eines lieben alten Onkels spielte. Nachdem er das Vertrauen der ganzen Familie gewonnen hatte, forderte er das Mädchen, das ihm gefiel, zu einer Landpartie auf. Dann richtete er es so ein, daß sie den letzten Zug versäumten. Das junge Mädchen, mit dessen Eltern er befreundet war, das unschuldige Lämmchen, ließ sich überzeu-

6 GW VII, S. 388.

gen, die Nacht im Hotel zu verbringen. Ich nehme dann immer, sagt dieser Vorstadt-Don-Juan, zwei Zimmer (denn *ich bin sehr nobel*, fügt er hinzu); aber wenn das Mädchen im Bett ist, komme ich, als guter Onkel, der sich um seine Zukunft sorgt und seine Jungfräulichkeit, die im Wien jener Zeit und in jenem Milieu so hoch geschätzt wurde, nicht antaste, zu ihr und masturbiere sie nur mit meinen Fingern. »Ja, fürchten Sie denn nicht«, ruft der zweifellos empörte Freud aus (ein solches Verhalten wäre ihm bestimmt nie in den Kopf gekommen), »daß Sie ihr schaden, wenn Sie mit Ihrer schmutzigen Hand in ihren Genitalien herumarbeiten?« Aber wie hätte denn dieser bedeutende Arzt auch auf die abgeschmackte Idee kommen sollen, daß man sich den Geschlechtsorganen – und vor allem der Klitoris – anders als mit Chirurgenhandschuhen nähern könnte, nachdem man sich (zwanghaft?) die Hände gewaschen hat?

Hier muß man die Ohren spitzen, um zu verstehen, wie dadurch, daß Freud sich seiner Prüderie und seines Reinlichkeitswahns nicht bewußt ist, meine These, deren Unklarheit ich weiter oben selber hervorgehoben habe, deutlicher wird: die Reihenfolge beim Auftreten des Symptoms ist umkehrbar. Wer von den beiden war prüder (die sexuellen Hemmungen Freuds sind heute ausreichend bekannt), wer von beiden war mehr auf Sauberkeit bedacht? Lorenz – der richtige Name des Kranken – war weder besonders ordentlich noch geizig (»ich bin sehr nobel«). Was die Eigensinnigkeit betrifft, so hat er nur eine einzige an den Tag gelegt: nach elf Monaten Analyse, die Freud auf Grund einer einzigen Interpretation durchführte (du liebst deinen Vater nicht so, wie du es vorgibst, sondern haßt ihn und wünschst seinen Tod), gesteht Freud, sehr betrübt darüber zu sein, daß sein Kranker diese Interpretation niemals akzeptiert hatte. Weil Freud die Gegenübertragung nur schlecht beherrschte und weil er so stolz auf seine Theorie war (meine Theorie besagt, daß, wenn er nicht überzeugt ist, dies nicht an meiner Theorie, sondern an jener luziferischen Regung in ihm liegt, die ihn zwingt, das Tageslicht zu leugnen, das ich verbreite), kam es ihm nicht in den Sinn, daß er möglicherweise von dieser Interpretation hätte überzeugt werden können. Wer von beiden ist nun eigensinniger und wer von beiden verhält sich nach Freuds eigenen Kategorien zwanghafter?

»Da brauste er aber auf:« schreibt Freud, der darin eine Variante der *Verschiebung* sieht, »Schaden? Was soll es ihr denn schaden? Keiner hat es noch geschadet und jeder war es recht. Einige von ihnen sind jetzt schon verheiratet und es hat ihnen nicht geschadet.«

Freud mangelt es gewiß nicht an schöpferischem Genie und an psychoanalytischer Kompetenz, aber was die sexuelle Leidenschaft betrifft, so war er wohl niemals ein großes Licht. Hat er sich wirklich die Hände gewaschen, bevor er sich seiner Gattin näherte? Lorenz nahm Freuds Beanstandung sehr übel auf und *kam nie wieder.* Anscheinend hat er die Analyse abgebrochen. Vielleicht fürchtete er, daß Freud sie noch zwanghafter machen würde, als sie schon war.

Hier hat man also eine von Freuds größten Untersuchungen einer Zwangsneurose, die sich über elf Monate erstreckte und die kein normales Ende nahm, sondern durch einen *Bruch* abgeschlossen wurde, der seltsamerweise, meines Wissens, niemals in der Unmenge von Kommentaren, die seit achtzig Jahren die Regale unserer Bibliotheken füllen, berücksichtigt worden ist.

Hier hat man einen Fall von Zwangsneurose, den Freud wohl für besonders lehrreich gehalten hat, da er der einzige ist, den er uns hinterlassen hat, und dessen Protagonist weder *sparsam,* noch besonders *ordentlich* oder sauber ist, und dessen *Eigensinnigkeit* sich nur dadurch zeigt, daß er junge Mädchen aus besseren Kreisen und die Töchter seiner besten Freunde verführt und nächtens masturbiert.

Hier hat man also die Analyse einer schweren Zwangsneurose, die keinen der Züge aufweist, die für sie spezifisch sind, und die vom Analysanden abgebrochen wurde, weil Freud beanstandete, daß seine Hände vielleicht nicht ganz sauber waren (was wußte Freud überhaupt davon, und hätte er seine Hände, bevor er sich in diese Betten von (Halb-)Jungfrauen begab, zuvor in Alkohol tauchen sollen?), woraufhin er offensichtlich völlig zu Recht aufbrauste. Dieser große Besessene erteilte dem damaligen Großmeister in dieser Frage eine Lektion in sexueller Freiheit!

Nun muß man allerdings sagen, daß die Psychoanalyse nicht unbedingt Symptome heilt. Es kann sogar passieren, daß sie bei jeder Gelegenheit welche schafft. Die Gegenübertragung und ihre Beherrschung ist der Dreh- und Angelpunkt der Psychoanalyse.

Die Analität scheint vor allem, selbst bevor sie zu einem Trieb wird, der mit der »Körperlichkeit«, die Freud als *Leiblichkeit* bezeichnet, verbunden ist, eine *Beziehung* zu sein. Freud hat auf die semantische Nähe der Wörter *drücken* und *treiben*, von dem *Trieb* abgeleitet wird, hingewiesen, ein Wort, das jedes deutsch sprechende Kind jeden Tag gehört hat. Der Trieb ist mit der Kotsäule und auch mit dem Penis verbunden. Vielleicht ist es doch kein Zufall, daß der Vater zu seinem Sohn sagt: »*heute müssen wir noch Pfähle treiben*«.[7]

Dieses körperliche Sein, diese *Leiblichkeit*, die der Drang des *Triebes* ist, hat außerhalb ihrer Physiologie keine Analität an sich. Es gibt ebensowenig eine Analität an sich wie eine Schwiegermutter an sich. Für ein Kind, das in die anale Phase gekommen ist, hat die geheimnisvolle innere Produktion seines Körpers nicht mehr Wert als das Gold für die Azteken, die erstaunt darüber waren, daß Cortez und seine Männer so ver-

---

7 Dieses Beispiel wird von Georges-Arthur Goldschmidt in seinem ausgezeichneten Buch *Quand Freud voit la mer*, Paris 1988, S. 79, angeführt.

sessen darauf waren. Damit das Kind diese Umwandlung des Wertes dessen, was es *macht*, bewerkstelligen kann, muß es eine bestimmte Art von Kultur geben. So mußten zum Beispiel die allerkatholischsten Könige ihre Söldner und Konquistadoren schicken, damit diese, die trotz aller Gefahren des Meeres von so weit hergekommen waren, den Beweis erbringen konnten, daß das Gold das Risiko wert war, und dieser Wert auch für die eroberten Völker wertvoll werden konnte, obwohl Gold bis dahin nur der prächtige und heilige Schmuck ihrer Götter war. Es war eben dieser von den fabelhaften Barbaren ihm beigelegte Wert, der sie schließlich davon überzeugte, daß sie diesen nicht als solchen erkannten Reichtum nicht für das Kinderspielzeug aus der Hand geben durften, das mit dem Segen der Hochheiligen Kirche auf die spanischen Galeonen geschafft worden war, um sie auszuplündern. Aber zu spät. Sie haben vielleicht nicht die Syphilis mitgebracht, aber dafür etwas Schlimmeres: den Goldrausch.

Ein Kind, das in völliger Isolation lebt (was allerdings nur hypothetisch vorstellbar ist, weil es in ihr sterben würde – und es weiß das), würde seinen Fäkalien auch nicht mehr Wert beilegen. Damit diese Fäkalien rituell in einem geeigneten Gefäß abgelegt werden können, ist eine unerfreuliche Anstrengung notwendig, der es sich widersetzt, da sie eine Unterbrechung von Aktivitäten bedeutet, die in anderer Weise lustvoll sind. Für ein Kind haben die Fäkalien also nur die Bedeutung, die durch das Wegtun zustande kommt, zu dem die Mutter oder gar die ganze Familie es überredet, die sich wegen dieser Ausbeute versammelt wie die Finger der Hand, mit der sie übrigens auch, wenn sie den anderen schlägt, nicht die Begeisterung dämpfen kann, die diese Ausbeute hervorruft. Wie gefühllos muß man sein, um zu meinen, daß das Kind nicht eines Tages auf die Idee kommt, daß man ihm damit wie auf einem Silbertablett die Mittel für eine unverhoffte Valorisierung gibt und überdies unerschöpfliche Erpressungsmöglichkeiten schafft.

Ein Beispiel: Eine bestimmte Patientin liebte es, dem Brei, den sie ihrem Knaben gab, einen Farbstoff zuzusetzen. So konnte sie den Lustgewinn, den der Kot ihres Kindes ihr verschaffte, auf doppelte Weise genießen. Der Farbstoff vereinigte sich mit den Fäkalien wie mit dem, was sie ihm zugesetzt hatte: mit *ihrer Marke*. So führte sie sich phantasmatisch in das Körperinnere des Kleinkinds ein, dessen ausgeschiedene Produkte sie sich aneignete. Sie verwirklichte das Phantasma phallischer Macht, die es ihr erlaubte, jenen befruchtenden Samen einzuführen, dessen Ergebnis *das Kleine* war (das in einem einzigen Akt den Sperma-Farbstoff, eine phallische Permutation, vereinigte), um jene Kotsäule zu empfangen, die sie in wahrnehmbarer Gestalt ihren phallischen Narzißmus und die Verstärkung ihres *Habens* realisiert, sehen ließ, so daß sie taub für die Vorwürfe ihres Mannes blieb, der aus dieser Dyade ausgeschlossen war; diese war in drei Dimensionen gefügt: oral, anal und phallisch.

Das Kleinkind ist in dem Alter, in dem diese Austauschbewegungen stattfinden, noch empfindsam, von allen Seiten von den Zwängen der Natur umschlossen; es hat noch keinen Zugang zu jener Kultur, von der es zwar bereits umgeben ist, die es aber noch nicht genügend durchdrungen hat, als daß es in der Lage wäre, dem, was sein Körper produziert, irgendeinen Wert beizumessen. Seine Mutter dagegen, schon seit langem in die Sphäre der Kultur des Austausches, der Werte und der Preise eingetaucht, wird sich sehr beeilen, ihr Kind in die Welt einer Kultur eintreten zu lassen, die ihre gemeinsame werden sollte.

Indem die Mutter den Fäkalien ihres Kindes einen Preis, einen Tauschwert, beilegte, hat sie – die bereits eine erste Initiation in die Sexualität vornahm – es ein zweites Mal zur Welt gebracht und es, so das Werk der Natur vervollständigend, in die Welt der Kultur eingeführt.

Man hat sich oft gefragt, ob das Kind in der Natur oder in

der Kultur geboren würde. Für Hegel gab es da keinen Zweifel: der Mensch ist durch alles, was ihn rudimentär mit dem Tierreich verbindet, Bestandteil der Natur. Er steht aber auch außerhalb der Natur, weil er das einzige Tier ist, das weiß, daß es sterblich ist, und das zugleich das Bewußtsein seiner Sterblichkeit und die Fähigkeit hat, sein Leben in reinen Prestigekämpfen aufs Spiel zu setzen. Daß er sich selbst töten kann, ist ein Zeichen für seine unvergleichliche Einzigartigkeit.

Für den Linguisten Emile Benveniste wird das Kind in der Kultur und nicht in der Natur geboren. Diese These ist, entgegen dem Anschein, nicht das radikale Gegenteil der Position Hegels. Benveniste macht die Sprache zum kulturellen Äquivalent des Sauerstoffs, den das Kind zum Leben braucht; sie wird bei ihm zur Metonymie für alle anderen Bedürfnisse, die von der Umwelt befriedigt werden. Aber ein Kind wird erst dann zum Menschen, wenn es von der Sprache durchdrungen worden ist.

Wenn ich mich selbst, ganz behutsam und sozusagen auf Zehenspitzen, in diese berühmte Kohorte einreihen müßte, die durch die Jahrhunderte geht, würde ich sagen, daß die *Suche nach Sinn* in der Bedeutung mir nicht dem nachzustehen scheint, was uns all diese Denker bis heute gesagt haben. René Thom hat einmal gesagt, daß das Gegenteil des Wahren nicht das Falsche ist, sondern das Bedeutungslose. Ich meine, daß die Psychoanalyse unter unseren Wissensformen eine Sonderstellung einnimmt und daß es falsch wäre, wenn sie auf ihre Besonderheit – die ihr ihren einzigartigen Wert verleiht – verzichtete, um am Tisch der Erwachsenen zugelassen zu werden, wo sie, wie die armen Vettern am Tische reicher Verwandter, nur einen Platz ganz am Ende bekäme. Ich glaube, daß meine Psychoanalytikerkollegen in allen Ländern sich zusammenschließen sollten, um den einfachen Gedanken, der sich zwar noch nicht durchgesetzt hat, aber auch keine Verblüffung mehr hervorruft, zu verteidigen, daß die Psychoanalyse unter eine Kategorie *sui generis* fällt, die weder zum erblühenden Bereich des Wahren noch zum armseligen des Falschen gehört. Diese beiden Kategorien sind für jemanden, der dieses Metier betrachtet, das eigentlich gar keines ist (auch, wenn wir Tausende sind, die es tagtäglich praktizieren), wie es im Englischen sehr deutlich heißt, *irrelevant*.

Es muß indessen bei der Evolution der Primaten einen Schwebezustand gegeben haben, in dem die Menschlichkeit des Menschen entstanden ist, und zwar in dem Moment, als er sich vom Zweig der Hominiden gelöst hat. Einen Nullpunkt, an dem der heutige Mensch geboren wurde. In einem bestimmten Moment hat er sich aufgerichtet, und dies war ein ganz entscheidender Moment, denn die aufrechte Haltung hat seine Hände befreit. Schon der Vorsokratiker Anaxagoras sagte, der Mensch ist intelligent, weil er eine Hand hat. Ein Moment, in dem das Gesichtsmassiv zusammenschrumpfte, das craniofaziale Gelenk sich aufgerichtet hat, der Schädelumfang sich mit den Fähigkeiten des Gehirns vergrößerte und sich ein Klangapparat zum Ausstoßen von Tönen bildete.

Diese anatomisch-physiologische Evolution, verbunden mit neuen Lebensformen, die Veränderung der Fortpflanzungsarten und die Sozialisation in größeren Gruppen sind wahrscheinlich für das Auftauchen der ersten rudimentären Sprachelemente verantwortlich.

Nach diesem Nullpunkt der Vor-Sprache hat es einen Nullpunkt + 1 gegeben, an dem die Sprache begann, in der gesellschaftlichen Urzelle eine Rolle zu spielen; aber auch das Unbewußte muß bereits vor der Herausbildung von Rudimenten einer artikulierten Sprache existiert haben. Wenn man nicht davon ausgehen will, daß das Unbewußte vor der Entstehung der Sprache da war, müßte man von der Hypothese einer unwahrscheinlichen Koinzidenz der Geburt von Sprache und Unbewußtem ausgehen.

Ein Säugling ist, lange bevor er sprechen lernt, von Phantasmen erfüllt. Es ist nicht eigentlich die Sprache, die ihn zu einem in der Kultur geborenen Lebewesen macht, sondern seine angeborene Fähigkeit, ein *Erzeuger von Phantasmen* zu sein, sobald seine anatomisch-physiologische Organisation ihm die Möglichkeit dazu gibt.

Seitdem man begonnen hat, sich darüber Gedanken zu machen, was der Mensch ist, hat man zu fassen versucht, was seine Einzigartigkeit ausmacht. Dabei hat man so ziemlich alles unternommen, um seine Einzigartigkeit zu definieren. Das war allerdings verlorene Liebesmüh. Denn der Mensch besitzt kein einzigartiges Unterscheidungsmerkmal, sondern er ist, wie Apollo den Dichter lehrte, zweideutig und somit zwangsläufig vielfältig. Nur die Götter sind aus einem Stück. Für Anaxagoras ist es, wie oben bereits gesagt, die Hand, der er seine Intelligenz verdankt, da sie in der Welt seiner tierischen Artgenossen einzigartig ist. Für Aristoteles war er ein *Zoon politikon*. Für andere war er, später, ein Hersteller von Werkzeugen oder ein Tier, das Dinge austauscht. Für Swift ist es die Lüge, die die kritische Distanz ausmacht, welche »den Menschen vom Pferd« trennt. Nietzsche schließt sich ihm mit dem Satz an, »daß die Lüge – und nicht die Wahrheit – göttlich« sei, um im äußersten Gegensatz zu Freud die Notwendigkeit des Vergessens hervorzuheben, also dessen, was er als *aktive Vergeßlichkeit* bezeichnet. Pierre Janet[8] hat diese Lektion befolgt, auch wenn er nicht wußte, wem er seine Theorie und Praxis der Hypnose verdankte. Im Gegensatz zu Breuer, später auch Freud, versetzte er unter Hysterie leidende Kranke nicht in Hypnose, damit sie sich an den ursprünglichen Affekt *erinnerten* und ihn *abreagierten*, sondern er setzte das ganze Gewicht und die volle Autorität, die ihm durch seine Rolle als Schamane zukam und die durch den hypnotischen Zustand noch

8 Pierre Janet: französischer Arzt und Psychologe (1859–1947); Begründer der klinischen Psychologie. [A.d.Ü.]

verzehnfacht wurde, ein, um die Geschichte des Kranken zu verändern und ihm mit neuen Ereignisfolgen die Erleichterung des Vergessens aufzuzwingen, anstatt jene Mnemodramaturgie zu benutzen, aus der die künftige Praxis und Theorie der Analyse hevorgehen sollte. Der Mensch ist auch in der Lage, eine unendliche Menge von Phantasiegebilden zu schaffen; er entwickelt einen unstillbaren Hunger nach *Sinn*. Und während der Analyse wird mit wechselndem Glück – das von der Theorie abhängig ist, die ihren Ablauf bestimmt – versucht, diesen Anspruch in dem – immerhin beträchtlichen – Maße zu befriedigen, in dem der geschaffene Raum das zuläßt. Und dieser analytische Raum ist bis heute auch der einzige, der diesem Anspruch gerecht wird.

Die Sprache mußte, wie mir scheint, jene Dynamik bekommen, die aus ihr die entscheidende Erfindung gemacht und den Menschen von den Vor-Hominiden losgelöst hat. Dies einerseits durch den Erwerb einer anatomisch-physiologischen Struktur, die zum Ausstoßen von Tönen notwendig war, sowie durch den äußeren gesellschaftlichen Druck, der einen Austausch von Botschaften notwendig machte; und andererseits durch den inneren Druck eines Unbewußten, das darauf hinwirkte, sich die Mittel zu verschaffen, die Verdrängung zu beeinflussen.

Diese kurze Zusammenfassung der Phylogenese – eine hypothetische Skizze, gewiß, aber in unserem willkürlich festgelegten Bereich haben wir nur die Wahl zwischen Hypothesen, die sich durch ihre Kohärenz und durch ihren Wahrscheinlichkeitsgrad unterscheiden – macht es bereits möglich, Haeckels Beobachtung zu bestätigen, daß die Ontogenese eine Mimesis ist, die nach jenem Referenzmodell abläuft, das die Vergangenheit der Gattung ausmacht.

Es ist offenkundig, daß ein Kind niemals sprechen lernen würde, wenn sich derselbe Druck, der dazu geführt hat, daß der Mensch sprechen gelernt hat, nicht erneut und zweifellos auf den gleichen Kraftlinien auswirkte, die einst auf seine frühesten Vorfahren eingewirkt haben.

Ein Kind wird in einer Welt von mehr oder weniger angenehmen Geräuschen geboren, es wird in eine Atmosphäre versetzt, in der der Sauerstoff seine lebenswichtige Funktion mit tausend Klängen teilt, die genauso lebenswichtig sind wie die Mutter, die sie aussendet. Die Mutter ist nicht die einzige, die Geräusche macht, sondern zunächst nur die einzige, die sich um das Kind kümmert und ihm die Brust gibt. Der Mensch lebt bekanntlich nicht nur vom Brot allein, und das Kind lebt nicht nur aus dem Schoß und von den Brüsten. Das Kind lebt auch von Liebe und Vollmilch. Es stellt sich bei ihm eine lebenswichtige – auch unauflösliche – Verbindung her zwischen dem direkten Körperkontakt, an dem es keine Mutter mangeln läßt, und der Flüssigkeit, die es sich einverleibt. Mit beidem läßt es sich füttern. Unweigerlich ahmt es die Geräusche nach. Und auf seine Weise ist das auch ein Bemühen um Autarkie, um narzißtische Selbstgefälligkeit. Das Lallen ist der erste geschichtliche Versuch, die Metonymie zu realisieren, die unser Leben durchzieht und das ökonomische Prinzip jeder Umwertung von Werten bleibt, die in der Realität unerreichbar sind. Allein die imaginäre Übersetzung ermöglicht die heilbringende Illusion, die uns am Leben erhält. Die berühmte »imaginäre Wunscherfüllung« ist dafür das bekannteste Beispiel.

Gewiß, hier hat die *Oralität* ihren Ursprung, doch ist das nur eine reine Tautologie. Aber von da aus den gefährlichen Rücksprung zu versuchen, der darin besteht, die Wurzeln für den gesamten Überbau dessen zu finden, was später, im Laufe einer langjährigen Entwicklung, zum Charakter eines bestimmten Individuums wird, bedeutet, sich mehr vorzunehmen, als man jemals beweisen kann. Das ist der irrealste und idealistischste Typus von Kausalität, den man sich vorstellen kann. Er löst zahllose Ereignisse und Umstände aus, die den

Charakter beeinflussen, in andere Bahnen lenken und dabei andere Bahnen kreuzen, die ihn unweigerlich soweit umlenken und bereichern, daß der ursprüngliche Impuls und die ursprüngliche Bahn geändert wird.

Glauben Sie denn, fragte Diderot, daß das Ausschlagen eines Pferdes irgendwo in Frankreich irgendeinen Einfluß auf den Flug der Schmetterlinge auf den Sunda-Inseln hat? Wir reagieren darauf, indem wir Charakterzüge speziell festgelegten Ursprüngen zuordnen, die für ausreichend gehalten werden, um im Leben eines Menschen ihre Wirkungen auf eine Entfernung zu entfalten, die genauso groß ist wie die Entfernung der Provinz Lozère von den fernen Inseln des Südpazifiks.

Es bleibt die Einzigartigkeit des Menschen und die Gewißheit, daß die Verletzung, die Darwin uns, nach Freuds Worten, zugefügt hat, schon seit langem verheilt ist. Und das ist kein Ergebnis der Verblendung, in die unser Narzißmus uns, ähnlich wie die Gefangenen bei Platon, einschließt.

Die Doppeldeutigkeit des Menschen wird vom ersten Moment an deutlich, in dem er die Augen öffnet und diese Welt erblickt, die unbegreiflich ist und es sein ganzes Leben lang bleiben wird. Er ist von Anfang an doppelt, er lebt in der Natur und in der Kultur. Lebendig auf die Welt gekommen, ist er bereits dem Tod versprochen, der, noch viel mehr als die marxistische Philosophie für Sartre, sein unüberschreitbarer Horizont ist. Er versucht, das Schicksal, zu dem die Natur ihn verdammt, zu überwinden – und mit Erfolg, wie wir wissen. Es wird übrigens eines der Themen dieses Buches sein – soweit ich vorhersagen kann, welche Zukunft diese Seiten, die ich gerade einschwärze, haben werden –, die Rolle zu bestimmen, die das Geld – die Leidenschaft für das Geld – bei der Todesangst und ihrer illusorischen Beschwörung spielt.

Was der Mensch außer acht läßt – selbst wenn er Hegel gelesen hat – ist, daß sein Tod seine Menschlichkeit garantiert und ihm eine Stellung im Tierreich verschafft, die mit keiner anderen zu vergleichen ist. Ein unsterblicher Mensch, sagt Hegel, ist die Quadratur des Kreises.

Und vielleicht kann man hier, an diesem Punkt der Entwicklung des Kindes, jene Übergangslinie, jene Demarkation erfassen, die zwar sicherlich imaginär ist, weil sie ebensowenig eine sinnlich wahrnehmbare Realität hat wie die Äquatorlinie, die aber dennoch durch symbolische Riten nach dem Vorbild der Riten bei der Geburt begrüßt wird. Sie ist in der kontinuierlichen Bewegung, die die Entwicklung des Kindes vorantreibt, ebenso ungreifbar wie die schnelle kreisförmige Bewegung bei einer Ausbrennung (Kauterisation), bei der die einzelnen Punkte, die die Kreislinie bilden, nur wahrnehmbar wären, wenn man die Geschwindigkeit verlangsamte, die aber gerade einen irrealen Kreis schafft.

DIE IDEE DER
CHARAKTERBILDUNG BEI FREUD

Das Problem der Neurosenwahl hat Freud lange beschäftigt, und es ist nicht sicher, ob er letzten Endes ein Problem hätte lösen können, das zu seiner und in unserer Zeit ohne befriedigende Lösung geblieben ist. Das zeigt, daß für uns die Lösung dieses Problems nicht in Reichweite liegt oder daß es falsch formuliert wurde.[9]

Jeder Entwicklungsphase der Verwandlungen (im indischen Sinne des Wortes[10]) der Libido auf der Suche nach (narzißtischen, autoerotischen, oralen, analsadistischen und genitalen) Objekten entspricht ein Charaktertypus, ohne daß die Neurosenwahl und die Charakterbildungen sich unbedingt überlagern müssen.

Wenn man Freud liest und den Mäandern folgt, die seine geschichtliche Entwicklung in sein Denken eingegraben hat, hat man vor allem den Eindruck, daß es eine Verwandtschaft zwischen den »Fixierungsstellen« der Libido, der Entstehung der Neurose, die sich unter dem doppelten Zwang der Phase,

---

9 Es ist unmöglich, hier im einzelnen die aufeinanderfolgenden Positionen Freuds zu dieser Frage zu verfolgen, da dieses Buch sonst zu umfangreich werden würde. Und davor werde ich mich hüten.
10 Viderman benutzt hier im Französischen das Wort »avatars«, das aus dem Sanskrit stammt und die verschiedenen Verkörperungen des Gottes Wischnu bezeichnet. [A. d. Ü.]

die die Libido erreicht hat, aufdrängt, und dem geschichtlichen Ereignis gibt, das jede Möglichkeit beseitigt hat, sich dem zu entziehen, was man durchaus als *Schicksal* bezeichnen könnte. Wie in der griechischen Tragödie, aus der wir alle hervorgegangen sind, kann nichts an diesem Würfeln um die Geschichte des Subjektes etwas ändern.

Kurz gesagt – und das zu tun, ist zumindest mein Vorsatz – der Charakter, seine Genese und seine Beständigkeit wären bei einem bestimmten Individuum *die versteinerte Form* einer alten Neurose, die sich von selbst geheilt hat und die von ihrer früheren Aktivität anstelle des lebendigen und schrittweisen Zutagetretens der Neurose nur irreduzible sedimentäre Gebilde und Prägungen hinterlassen hat. Sie sind der Beleg für eine Zugehörigkeit, etwa so, wie beim Vieh, dem man mit einem glühenden Eisen den Buchstaben – den Charakter – einprägt, der seinen rechtmäßigen Eigentümer bezeichnet.

Das freudsche Erklärungssystem bekommt seine Kohärenz durch das Zusammenspiel von zwei unterschiedlichen Erscheinungen: der Entwicklungsstand der Libido im Moment des auslösenden Ereignisses, und die Einschlagsqualität und -stärke des Ereignisses selber. Die Libido kann durch einen intensiven emotionalen Schock fixiert werden und die Entwicklung einer Neurose auslösen, aber sie kann auch »zersplittern«; die Folgen sind unvorhersehbar, aber sie sind ein Grund für die Erfahrung der stärksten Zwänge einer Entwicklung, die bis hin zu Psychosen und Perversionen gestört werden kann.

Die Idee der Fixierung, die mit der Idee eines unbewußten Charakters verbunden ist, kann ihre Kohärenz nur aufrecht erhalten durch die substantiell mit ihr zusammenhängenden Vorstellungen vom Wesen eines Unbewußten, das sich um die Kategorien der bewußten sinnlichen Wahrnehmung, das heißt um Raum und Zeit, nicht kümmert oder sie vielmehr von sich aus nicht kennt. Wie kann man von der Existenz eines Unbewußten ausgehen – und sie immer wieder geltend machen, das, wie Freud sagte, den *Kern unseres Wesens* bildet, indem man ihm jene Verstümmelung zuschreibt, die aus ihm den nicht entwicklungsfähigen Teil des Wesens selbst macht? Wenn man schon nicht zweimal im selben Fluß baden kann, wie kann dann das Sein-zum-Leben von vornherein, schon bevor es seinen Weg auf dieser Erde begonnen hat, bereits vom Tod gekennzeichnet sein? Wie kann dieses dynamische Zentrum, das aus Wünschen und Trieben besteht und das der Inbegriff des Lebens ist, – *ab origine* – *bereits* tot sein?

Freud fragt sich im Bemühen um *eine scharfe theoretische Scheidung*[11] was die Entstehung der Neurose von der Entwicklung einfacher Charakterzüge unterscheidet. Im ersten Fall gibt es eine Wiederkehr des Verdrängten, im zweiten nicht. Im letzteren Fall tritt die Verdrängung entweder nicht in Aktion oder *sie erreicht* durch Reaktionsbildungen oder Sublimierungen *glatt ihr Ziel*. Diese Unterscheidung ist wichtig. Man muß sie sich mit Hilfe des lateinischen Wortes *Disposition* [zur Zwangsneurose], das Freud benutzt, verdeutlichen, das im Französischen viel klarer mit *Prädisposition* übersetzt wird (obwohl auch das Französische die Disposition eines Individuums kennt, das durch diese oder jene Affektion betroffen wird). Die spätere Zwangsneurose kommt weder durch einen Zufall – der den Zeitpunkt ihres Auftretens völlig unbestimmbar machen würde – zum Vorschein, noch in einem beliebigen Triebbereich. Es wäre somit, wenn auch schwierig, doch theoretisch möglich, ihre Bildung im zukünftigen Entwicklungsfortgang des Individuums vorherzusehen. Die Neurose bleibt, wie in allen anderen Fällen, eine Krankheit des Gedächtnisses. Das neurotische Symptom selbst kann als ein unbeholfener und kostspieliger Heilungsversuch angesehen werden. Ein erschüttertes, zwiespältiges Erinnerungsvermögen ist ein Be-

---

11 *Die Disposition zur Zwangsneurose*, GW, VIII, S. 449.

leg für das Weiterbestehen des Triebes. Als Freud zum ersten Mal, noch vor den *Studien über Hysterie*, im Jahre 1893 in einer *Vorläufigen Mitteilung* das grundlegende Postulat formulierte, schrieb er nicht, daß der Kranke am Vergessen leidet, sondern er benutzte die eingedeutschte Form des lateinischen Wortes *Reminiszenzen*. Vergessen und Reminiszenz haben weder den gleichen semantischen Status, noch die gleiche Begriffsgeschichte. Das Vergessen beinhaltet nicht unbedingt eine Wiederkehr des Vergessenen. Die Erinnerung ist nicht nur vom Bereich des Vergessenen abhängig. Die Erinnerung kann etwas wiederkehren lassen, aber diese Wiederkehr ist kontingent. Sie kann von Bedingungen abhängen, die vielleicht niemals zusammenkommen. Bei der Reminiszenz ist es anders. Sie bleibt immer innerhalb des Gedächtnishorizonts, liegt immer auf der Lauer, wartet auf jene Unwägbarkeiten, die die Abwehr schwächen und ihr die Möglichkeit geben, auf jene Bühne zurückzukehren, von der die Verdrängung sie vertrieben hat.

Das Sypmtom ist eine Art von mißlungener *Aufhebung*, an der man den ersten Zustand des Begehrens, die repressive Aktion der Abwehr und das Scheitern beider ablesen kann, welches jene Aufhebung[12] darstellt, die das Symptom sämtlicher, die Neurose bildenden Symptome ist.

So kann man nun den Unterschied von Neurose und Charakterzug besser begreifen. Eine Person, die das unwiderstehliche Bedürfnis verspürt, sich zehnmal am Tag die Hände zu waschen, kann weder den pathologischen Charakter ihres Triebes, noch – für das erfahrene Auge – die Verflechtung von Wunsch und Unterdrückung verbergen. Die *Reinlichkeit* dagegen (aber wie soll man bestimmen, wo die Grenze zwischen

---

12 Viderman verwendet hier für *Aufhebung* die französische Übersetzung »la relève« (Aufdeckung, Ablösung, Erhöhung, Ersetzen, Ein- oder Auswechseln, Nachfolgen), die, wie er betont, von Jacques Derrida vorgeschlagen wurde, um Hegels Begriff der Aufhebung wiederzugeben. [A. d. Ü.]

Normalität und pathologischem Charakterzug liegt?) hat jene positive Eigenschaft, die man dem neurotischen Symptom nicht beilegen kann. Und mehr noch, vor allem auf der Ebene, die durch den Titel dieses Buches vorgegeben ist: der Genuß der Güter dieser Welt, die Fähigkeit, seinen Lebensunterhalt zu verdienen, und, wie die Sprache deutlich macht, Geld *bei Seite* zu legen, wird nur dann zum offenkundigen Geiz (wenn das wirklich ein Charakterzug ist), wenn dieser Charakterzug (der übrigens von da an seinem Namen nicht mehr gerecht wird) sich in die Pathologie der Persönlichkeit verwandelt hat und zum Äquivalent eines neurotischen Symptoms geworden ist. Umgekehrt muß die Verschwendungssucht als ein anderer analer Charakterzug zum Wahnsinn werden, damit sie in eine akzeptable Nosographie eingehen kann. Geschieht dies nicht, ist die Großzügigkeit, die nur ein anderer Aspekt der Verschwendungssucht ist, eine der größten menschlichen Qualitäten.

Es ist nicht schwierig zu *glauben*, aber doch schwer einzusehen, daß eine Kausalreihe oder ein und dieselbe Fixierung auf ein und dieselbe anale Phase (mit dem dazugehörigen Dunkelbereich an Sadismus) sowohl den Ursprung der verrückten Verschwendungssucht und des schmutzigen Geizes sein soll.

Offensichtlich lassen es die wissenschaftlichen Disziplinen nicht zu, daß ein und dieselbe Theorie so konstruiert ist, daß, wie unterschiedlich die Experimente auch ausgehen mögen, die Reihenfolge unverändert bleibt; und auch nicht, wenn, umgekehrt, identische empirische Beobachtungen zu entgegengesetzten Schlußfolgerungen führen.

Das ist übrigens ein zutreffender Einwand. Die Psychoanalyse brüstet sich mit einer spezifischen Logik, durch die sie einer Widersprüchlichkeit entkommen will, die ihre Glaubwürdigkeit zerstört. Popper schreibt (in *Logik der Forschung*), daß man sagen kann: »Hier wird es morgen regnen«, weil es genügt, daß der nächste Tag kommt, um diese Aussage zu bestätigen oder zu widerlegen. Dagegen kann man nicht sagen: »Hier wird es morgen regnen oder auch nicht regnen«.[13] Eine solche Behauptung widerspricht der Ansicht, daß jede empirische Aussage in der Lage sein muß, sich auf das Eintreten der vorausgesagten Sache zu beziehen. Wenn ein Psychoanalytiker sagt – aber man stellt sofort fest, daß er so etwas niemals (gesunde Vorsicht) sagen würde: Ist eine solche anale (orale oder genitale) Fixierung gegeben, dann ergibt sich daraus entweder die Wahl einer Neurose, die ich voraussehen kann, oder ein Charakterzug, und zwar, je nachdem, ob die Verdrängung teilweise gescheitert ist und eine offensive Wiederkehr bewirkt hat, die zur Neurose führt, oder ob sie vollkommen gelungen ist, indem sie ihre Spur hinter Reaktionsbildungen oder Sublimierungen ausgelöscht hat, so daß die Verdrängung so weit deckungsgleich mit der Persönlichkeit geworden und in ihre Existenz eingegangen ist, daß sie verstummt oder unlesbar wird.

Es ist also möglich, in der psychoanalytischen Theorie und mit der Art von Kausalität, auf die sie sich beruft, Voraussagen zu machen, die der Logik vom ausgeschlossenen Dritten entgehen – und zwar im Gegensatz zur Formallogik mit ihren Einwänden von der Art Poppers.

Wenn man also von einer bestimmten libidinösen Fixierung in dieser oder jener Phase ausgeht, kann es sein, daß die Zukunft des Subjektes eine Alternative mit mehreren widersprüchlichen Wahlmöglichkeiten bietet. Eine orale Fixierung kann zu einer starken Vorliebe für irdische Nahrung führen, aber auch zur Reinlichkeit als Charakterzug oder zum Symptomatologie einer Neurose, die sich in Appetitlosigkeit äußert. Die Formallogik ist hier mit ihrem Latein am Ende; die dialektische Logik zieht sich mit ihrem *theoretischen* Ansatz aus der Klemme, aber der Preis dafür ist sehr hoch und es ist

---

13 Vgl. Karl R. Popper, *Logik der Forschung*, Tübingen ⁶1976, S. 15.

nicht sicher, ob die Psychoanalyse dazu über ausreichende Mittel verfügt.

Der Ansatz zu einer wirksamen Metapsychologie liegt bei Freud in der Feinheit der Unterscheidung von seltener Schärfe zwischen den beiden verschiedenen Mechanismen der Verdrängung in der Neurose auf der einen Seite und bei der Bildung des Charakters auf der anderen Seite. Wie mit dem Meißel gestochen, könnte man sagen, hat er die Grenzen zwischen Neurose und Charakter gezogen. Darin steht er in nichts dem Genie derer nach, die das *cogito* erfunden oder die *Meninas*[14] gemalt haben. Die Schwierigkeiten einer Kausalität, die man in ein einheitliches Schema gepreßt hat, liegen dennoch auf der Ebene der Empirie, gleichgültig, wie die unvermeidliche Gewalt aussieht, die die Theorie bei ihrer eigenen Konstitution einer anarchischen Realität aufzwingen muß, deren natürliche Diskordanzen sie zum Schweigen bringt.

Wie ist es möglich, aus dem Vorfall, in dessen Folge der Vater des Rattenmannes diesen wegen einer Missetat prügelt, die sowohl aus der Erinnerung des Kindes wie auch der Mutter unwiederbringlich verschwunden ist, aber von Freud *erfunden* wird (nach der Vorstellung von Freud eine *sexuelle Missetat*, und wahrscheinlich, nach den Kausalreihen der damaligen Zeit, Onanie?) – wie ist es möglich, aus dem Wutanfall, den die (mögliche) Ungerechtigkeit der Strafe beim Kind auslöst, auf langfristige Konsequenzen zu schließen? Nämlich auf die Entstehung einer Zwangsneurose, deren *einzige* Interpretation, die laut Freud zum Erfolg der Behandlung führte, in dem *Haß* gegen den Vater und in der Verdrängung dieses Hasses besteht, die so heftig war, daß der Erwachsene Symptome entwickelt, die von diesem Haß, der die Neurose begründet, herrühren und ihn verbergen und die zur Freuds Verblüffung in den elf

---

14 Vgl. Michel Foucault, *Die Ordnung der Dinge*, Frankfurt 1971, S. 31–45. [A. d. Ü.]

Monaten der Analyse nicht beseitigt werden konnten. Eine Verneinung, in der Freud die Wohlbegründetheit seiner Konstruktion sieht, und der Patient das Gegenteil.

Wenn die Logik einen daran hindert voranzukommen, so wie die Flügel den Albatros beim Gehen behindern[15], muß man sich damit abfinden. Gewiß ist es keine Schande zu hinken, denn es gibt Bereiche, in denen man eben nicht im Paradeschritt vorankommt. Das Herumhumpeln auf diesem verbotenen Gelände, das voller Fallstricke ist, bleibt die einzige Möglichkeit, einige Schritte voranzukommen. Beinahe so wie beinlose Krüppel müssen wir uns davor hüten, die Zwänge der Realität zu vergessen und für einen olympischen Titel anzutreten.

Wenn man davon ausgeht, daß Sergej ... beobachtet hat, wie seine Eltern Geschlechtsverkehr hatten, dreimal hintereinander sogar, dreimal, wie der Hahnenschrei in den Evangelien, günstigerweise wiederholt, so daß dem Kind die Augen davon übergehen konnten und es eine unauslöschliche Spur davon zurückbehielt; wenn man weiterhin davon ausgeht, daß die prallen Hinterbacken der niedergekauerten Gruscha ihm eine zweite Version der elterlichen Stellung *a tergo* lieferten – welcher von diesen geschichtlichen Zufällen hatte Folgen für die Entwicklung seiner Zwangsneurose? Wie ist es möglich, in diesem riesigen Ozean des Zufalls, in dem tausend Ereignisse sich in einer Richtung bewegen und ebenso viele in entgegengesetzter Richtung, Bilder der Körperlichkeit zu bewahren, die mit der Richtschnur der formalen Logik von ausgeschlossenen Dritten abgesteckt werden? Die Logik, ihr Raum und ihre Zeit tyrannisieren uns. Wir können die Gesetze der Logik nicht überspringen und sind dennoch dazu gezwungen. Man braucht sich nicht zu wundern, daß auch die Geradlinigkeit der vorliegenden Arbeit davon einigermaßen betroffen ist.

---

15 Vgl. Baudelaires Gedicht *Der Albatros*. [A. d. Ü.]

Niemand kann im voraus sagen (und das ist die einzige gültige Vorhersage in den Wissenschaften), welche Wahl ein bestimmtes, von der Libido in einer bestimmten Phase ihrer Entwicklung (theoretisch) fixiertes Ereignis unter der unvorhersehbaren Zahl von künftigen Ereignissen treffen wird, damit es sich mit ausreichendem Grund als das Ergebnis herausstellt, das wir nur als – psychisch – nun Lichtjahre von dem angeblich ursprünglichen Ereignis entfernt erkennen können.

Im stochastischen Feld einer konkreten Existenz bewirken die tausend Details, Umwege und Ablenkungen, welche die Unvorhersehbarkeit eines Lebens auf seiner Bahn selber erschafft (eben weil es um menschliches Leben und nicht um das eines eisigen Sternes geht), daß die einzige für die Vernunft akzeptable Möglichkeit, die in immer annähernder Weise die Unwägbarkeiten berücksichtigt, die dem Leben seine *Fraktalität*[16] aufgeprägt haben, darin besteht, zu sagen, daß diese bestimmte, sich herausgebildete Neurose, oder jener bereits im Charakter verhärtete Verhaltenszug *vorauszusehen* gewesen wäre – um sogleich hinzuzufügen, daß es außerhalb unserer Fähigkeiten liegt, sie tatsächlich vorherzusehen, bevor sie manifest geworden sind. Und trotzdem, entgegen dem Anschein, der gegen uns spricht, steht die Psychoanalyse nicht außerhalb des wissenschaftlichen Gesetzes. Alle Wissenschaften kennen Krisen und plötzliche Sprünge, die im Grunde nicht mit den unseren verglichen werden können, die uns aber davon überzeugen müßten, daß wir nichts zu gewinnen haben, wenn wir sie imitieren, ohne nur das zu erreichen oder zu verlieren, was den Preis der Psychoanalyse ausmacht.

Zum 60. Geburtstag von Max Planck sprach Einstein folgende Worte: »Höchste Aufgabe [...] ist also das Aufsuchen jener allgemeinsten elementaren Gesetze, aus denen durch reine Deduktion das Weltbild zu gewinnen ist.« Aber er fügte

---

16 Vgl. mein Buch *Le Disséminaire*, Paris 1987.

scharfsinnig hinzu: »Zu diesen elementaren Gesetzen führt kein logischer Weg, sondern nur die auf Einfühlung in die Erfahrung sich stützende Intution.« (Mit dem Wort *Einfühlung* spricht er eines unserer Fetischwörter aus, um das wir die deutsche Sprache beneiden müssen.)[17]

Es gibt nur wenige Texte von bedeutenden Wissenschaftlern, die so beeindruckend, so erhellend und so von intellektuellem Mut geprägt sind, wie er auf wissenschaftlichem Gebiet oder auch anderswo äußerst selten ist.

Auch gibt es nur wenige, die uns besser von der Legitimität *sui generis* des psychoanalytischen Weges und von der Wohlbegründetheit der Rolle überzeugen, die wir dem analytischen *Paar* und der fruchtbaren Verbindung von Übertragung und Gegenübertragung zusprechen.

Die befreiende Kraft solcher Aussagen erlaubt es auch, nicht zu erröten, wenn unsere Fähigkeit zur Vorhersage reduziert – oder gar inexistent – ist und nur *post eventum* zum Tragen kommt. Die psychoanalytische Theorie beruht nicht auf den Kategorien des Wahren und Falschen. In ihrem eigenen Anwendungsbereich leistet sie sogar noch mehr, sie ist sinnschöpfend. Auf ihre Weise – allerdings nicht im Sinne von Chomsky – ist sie eine generative Transformationsgrammatik, sie verbreitet Sinn.

In einem Brief an Karl Popper schrieb Einstein: ich »denke, daß Theorie nicht aus Beobachtungsresultaten fabriziert, sondern nur *erfunden* werden kann.«[18]

Der italienische Historiker und Epistemologe Carlo Ginzburg, der auch einen sehr erhellenden Text über den *Wolfsmann* geschrieben hat, schreibt, daß es den Verhältnissen der Welt

---

17 Vgl. Albert Einstein, *Mein Weltbild*, Frankfurt-Berlin-Wien 1977, S. 109. Im französischen Original ist »Einfühlung« mit *une sorte d'amour intellectuel* übersetzt, was soviel wie »eine Art von intellektueller Liebe« bedeutet. [A. d. Ü.]

18 Vgl. K. Popper, a. a. O., S. 413. Die Hervorhebung stammt aus der französischen Ausgabe.

unter dem Mond, der unseren also, nicht an dem fehlen kann, was er mit oxymoroner Ironie als *elastische Härte* bezeichnet. Wie Ginzburg präzisiert[19], handelt es sich um tendenziell *stumme* Wissensformen, deren Regeln weder für eine Formalisierung geeignet sind, noch ausgesprochen werden können. Man muß diese Paradoxe als die Existenz von *nicht ausgedrückten* Regeln begreifen, und zwar im doppelten Sinne des Impliziten, das seine Daseinsweise ausmacht, und einer potentiell vorhandenen Aussage, die aber nicht die Schwelle einer sinnlichen Wahrnehmung überschreitet, die sie aktualisieren könnte.[20]

---

19 Carlo Ginzburg, *Spurensicherung*, Berlin 1983.
20 Vgl. auch die Zeitschrift *Débat*, März/April 1988.
Ich möchte hier noch einige Worte über den Beitrag eines deutschen Historikers sagen, dessen Überlegungen den Positionen entgegengesetzt sind, die von den Nachfolgern Leopold von Rankes eingenommen werden (der Historiker, sagte von Ranke, der Begründer des deutschen Historizismus, muß die Vergangenheit so wieder aufleben lassen, *wie sie eigentlich gewesen ist*).
Hans Robert Jauß beginnt sein Kapitel »Der Gebrauch der Fiktion in der Anschauung und Darstellung von Geschichte« (in: *Ästhetische Erfahrung und literarische Hermeneutik*, Frankfurt 1982, S. 324–359) mit der Feststellung, daß die prinzipielle Herausforderung der Epistemologie darin besteht, zwischen den *res fictae* (die Fiktion der fiktionalen Sache) und den *res factae*, den »Fakten«, der faktischen Sache, zu unterscheiden.
Die moderne Entdeckung einer spezifisch geschichtlichen Zeit zwingt heute jeden Historiker, der sich nicht auf einen Bericht des Faktischen beschränken will, zu dem, was der Autor als eine perspektivische Fiktion der Faktizität bezeichnet. Um Mißverständnissen vorzubeugen, muß gesagt werden, daß diese Begriffe im Französischen und im Deutschen nicht die gleiche Bedeutung haben. Während dieses Wort für das französische Ohr an das Falsche, das Nachgemachte oder der Illusion erinnert, entspricht das *deutsche Faktische* den *res factae*, den Tatsachen, der Faktualität oder Tatsächlichkeit. Jauß legt das Hauptgewicht auf das Vorurteil der gesamten deutschen historizistischen Schule, das darin besteht, zu glauben, die *res factae* und die *res fictae*, die Tatsachen und die Fiktion, wären so trennbar wie Stoff und Form, wie historischer Vorgang und rhetorischer Ornatus. Diese Trennung ist unhaltbar geworden, seitdem die geschichtliche Hermeneutik sich davon überzeugt hat, daß es keine Geschichte der Fakten *in statu nascendi* geben kann, also keinen rein faktischen Ursprung. Seit ihrem Ursprung haben die geschichtlichen Tatsachen einen doppelten Status, sie sind faktisch und fiktional. Alle geschichtlichen Tatsachen, die uns durch ihre Spuren oder durch ihr Zeugnis, ihre *tekmeria*, bekannt geworden sind,

Der Kreis ist geschlossen. Wir stoßen hier wieder auf die von Einstein geforderte *Einfühlung* in die Erfahrung und auf die Überlegungen von Michel Serres zur Situation der Wissenschaften, die nicht mehr in der Lage sind, mit Ja oder Nein zu antworten, und entdecken, daß es zwischen Null und Eins eine nicht festlegbare Summe von möglichen Antworten gibt. Die Wissenschaft, fügt Serres hinzu, wird *hypokritisch*, scheinheilig, heuchlerisch, *hyper-kritisch*.[21]

John Stuart Mill meint in seinem *System der deduktiven und induktiven Logik*, daß die launenhafte *Art und Weise*, in der wir unter den vielen Bedingungen diejenigen auswählen, die wir als Ursachen zu bezeichnen *beschließen*, gut geeignet ist, uns von dem Fehlen einer wissenschaftlichen Grundlage zu überzeugen, die imstande wäre, in gültiger Weise eine Unterscheidung zwischen den Ursachen eines Phänomens und den Bedingungen seines Auftretens zu treffen.

Diese Wahl sagt nicht so viel darüber, wie Stuart Mill von der Laune dessen denkt, der gezwungen ist, unter den zahllosen Zufällen des Realen eine Wahl zu treffen, die die phänomenale Unentscheidbarkeit begrenzt und es ermöglicht, durch eine Willensanstrengung die *Spekulation* (im doppelten Sinne des Wortes: eine Welt, die sich im Spiegel reflektierte, führte

---

erreichen unser Bewußtsein nur in bearbeiteter Form, sie sind bereits von der deformierenden Anziehungskraft des Imaginären bearbeitet worden. Diese neue geschichtliche Denkweise hat dazu beigetragen, daß wir begreifen können, daß der radikale epistemologische Schnitt zwischen dem poetischen und dem historischen Genre, der insbesondere das deutsche historizistische Denken dominiert hat, in diesem Gegensatz, der sie in zwei hermeneutische Zirkel und einen, sei es auch nur tangentialen, möglichen Kontakt einschrieb, nicht mehr aufrecht erhalten werden kann. Und gerade im Auftauchen des Begriffs des *verisimile*, der Wahrheitsähnlichkeit, der Wahrscheinlichkeit bildet sich der gemeinsame Bereich der poetischen und der historischen Schöpfung.

Vgl. S. Viderman, *La construction de l'espace analytique*, Paris 1970, und *Le céleste et le sublunaire*, Paris 1977, vor allem das Kapitel: »L'histoire avec des si«.

21 Das bezieht sich auf die unscharfe Logik und die unscharfen Unter-Mengen bei Michel Serres, vgl. S. Viderman, *Le Disséminaire*, a. a. O., S. 178.

zur gleichen stochastischen Gleichung) auszuschalten, die uns so wie Hamlet, den die Zahl seiner Wahlmöglichkeiten handlungsunfähig macht, zu lähmen drohte. Das Wissen um die Komplexität der doppelten Zwänge, die ihn bedrängen, bewirkt, daß er, so wie er es sieht, zum Feigling wird – so wie es auch uns allen erginge, weil wir angesichts einer solchen unendlichen Verkettung von Ursachen und Wirkungen nicht wüßten, *wo wir auf unserem Rückmarsch innehalten sollten, bevor wir am Ursprung der Welt angekommen sind.*

Als Freud seiner spekulativen Ader nachgab, die so fruchtbar war, daß es unklug wäre, ihr unbesehen zu folgen, führte dies zur Dualität der Triebe, zu *Totem und Tabu* oder zu *Moses*.

Es ist verblüffend, daß Freud in der Studie über den Rattenmann, über diese paradigmatische Zwangsneurose, nirgendwo auf die pathogene Rolle eingeht, die die analen Fixierungen in ihr gespielt haben müssen. Sie springen dennoch ins Auge. Denn was ist die Erzählung des »grausamen Hauptmanns« über die Rattenstrafe? Ebenso wie ein Schriftsteller, der seinem Werk das Motto eines anderen voranstellt, nicht nur ein »objektives« Zitat anführt, durch das er den Leser auf jemanden verweist, der gelehrter oder deutlicher als er selber ist, sondern durch dessen Auswahl er seinerseits zu dessen neuen Autor wird und für das auch er die Verantwortung übernimmt (etwa in der Weise, wie sich Borges jemanden vorstellt, der buchstäblich den Don Quichotte abschriebe und dadurch ebenso wie Cervantes zu dessen Autor würde), ebenso, würde Freud sagen, machte sich jemand, der sagte, ihm habe jemand gesagt, daß der Kaiser ein Esel sei, genauso der Majestätsbeleidigung schuldig, wie derjenige, der ihm nur die Worte *berichtet* hat, aber sie dabei neu erschafft; desgleichen berichtet der Rattenmann nicht nur von seiner Erzählung, sondern wird selber zum Autor der Strafe. Das erklärt seine große Zurückhaltung, sie wiederzugeben, und kann nicht verhindern, daß Freud, nachdem er sie erzählt hat, auf seinem Gesicht (»...man lügt wohl mit dem Munde«,... sagt Nietzsche, »...aber mit dem Maule, das man dabei macht, sagt man doch noch die Wahrheit...«) *seine ihm selbst unbekannte Lust abliest.*[22]

Wenn es nicht nur eine einzige Interpretation gibt, die sich auf eine Fixierung in der analen Phase bezieht, so liegt das daran, daß dieser große Besessene eine sexuelle Entwicklung durchgemacht zu haben scheint, um die viele »normale« Leute ihn beneiden. Alle Sexualerfahrungen dieses Kindes zeigen, soweit der Rattenmann zurückdenken kann, daß, wenn seine Libibo irgendwo stehengeblieben ist, dies in der phallischen Phase geschah. Sein Sexualleben, sagt er, begann sehr früh[23], etwa im Alter von vier oder fünf Jahren, vom sechsten Jahre an sei seine Erinnerung vollständig. Ob nun an Fräulein Peter oder später an das junge und schöne Fräulein Lina, das Abszesse am Gesäß hatte, welche sie abends auszudrücken pflegte, ein Schauspiel, das er um nichts in der Welt versäumt hätte – jedenfalls steht das Geschlecht seiner beiden Gouvernanten im Mittelpunkt der brennenden Neugier dieses *kleinen Lüsternen.*[24]

Wir kommen jetzt zum Hauptakt dieser Analyse, welcher das Haupttrauma zur Folge hatte, in dem sich der Kern der künftigen Neurose mit ihren symptomatischen oder ursächlichen Besonderheiten und Wunderlichkeiten ausbildete.

Aus Gründen, die uns bis heute unbekannt geblieben sind, wurde das Kind ungefähr im Alter von sechs Jahren vom Vater verprügelt. Und zwar so heftig, daß der kleine Knirps, der noch keine Schimpfwörter kannte, in schreckliche Wut geriet

---

22 Vgl. GW, VII, S. 392.
23 Vgl. ebd., S. 386.
24 Vgl. ebd., S. 388. In der französischen Übersetzung wird dieses *lüstern* mit »sensuel« (sinnlich) wiedergegeben. Es kann auch unzüchtig, wollüstig oder gar geil bedeuten. Man sollte solche Bezeichnungen nicht auf Subjekte mit analen Fixierungen anwenden, da deren Rigidität viel zu groß ist, als daß man sie mit dem, was unter Wollust zu verstehen ist, verbinden könnte.

und ihm die Namen von allen Gegenständen gegeben habe, die ihm während der Bestrafung einfielen: du Lampe, du Handtuch ...

Für diese denkwürdige Bestrafung mußte ein Grund gefunden werden, den der Patient nicht mehr wußte; aber Freud ergänzte seine Gedächtnislücken. Er wagte die Hypothese einer *sexuellen Missetat*. Die erneut befragte Mutter konnte sich zwar deutlich an diese Szene erinnern, bestätigte aber nicht die Interpretation Freuds, die auf eine sexuelle Missetat abzielte, genauer gesagt, auf Onanie, bei der er vom Vater überrascht und für die er von diesem bestraft worden sei. *Der Mutter zufolge habe er jemanden gebissen.*

Und hier treffen wir wieder auf die Problematik der Realität und der Angemessenheit der Interpretation des geschichtlich geschehenen Ereignisses.

In der Tat, wir, zunächst Freud und danach die große Mehrheit der Psychoanalytiker, mußten uns darüber klar werden, anerkennen zu müssen, daß die Interpretation nicht in allen Punkten so mit der Geschichte übereinstimmt, wie wir uns das erträumt haben. Wir sind bis in die Grundfesten erschüttert, wenn wir sehen, daß unsere Gebäude wie ein Kartenhaus zusammenbrechen.

Kann die Realität des Ereignisses nachgezeichnet werden? Eine leidige Angelegenheit! Die Koinzidenz bestätigt sich zwar nicht, aber Freud macht etwas Besseres: er geht von der Kraft des Ödipus aus, der als Gründungsmythos der Menschlichkeit des Menschen konzipiert ist. Ödipus ist in seiner Doppeldeutigkeit, in der jeder sein Leben riskiert und davon träumt zu töten, so wie der hegelsche Tod, *anthropogen*.

Als Freud behauptete, die Erfahrungsspuren seien übertragbar, machte man sich darüber lustig, daß er sich an eine Schimäre klammern müßte, die von allen Biologen kritisiert wurde. Die Nachsichtigsten sahen darin eine Unklugheit, andere den Beweis für die Neigung seines Geistes zum Interpretationswahn, der sich nicht um Belege und die Zwänge des wissenschaftlichen Diskurses kümmerte.

Solange wir es halten wie der treue Jones, der befürchtete, Freude könnte seine wissenschaftliche Ehrbarkeit verlieren, und uns so verhalten wie Bloch aus der *Suche nach der verlorenen Zeit*, der glücklich ist, wenn er die Hand von Saint-Loup schütteln darf, solange haben wir nicht begriffen, daß wir uns nicht im Salon der Guermantes befinden und niemals befinden werden. Ich weiß wohl, daß manche recht gern dort wären, zumindest im Salon der Verdurins. Aber ein Psychoanalytiker hat als Tischgenosse von Dr. Cottard nichts zu gewinnen.

Die Biologie hat recht. Die Spuren von Erlebnissen lassen sich nicht übermitteln, wir befinden uns vielmehr in einer anderen Dimension des Bewußtseins, nämlich *in jenem Bereich der Psyche, wo die große mythische Struktur wichtiger als das historische Ereignis ist.*

Der Fluch Freuds, an dem sich seine Nachfolger noch immer die Zähne ausbeißen und dem zu entkommen seine Kräfte überstieg (doch handelte es sich weniger um seine eigenen Kräfte als um die, die seine Zeit ihm verweigerte), besteht darin, daß seine intuitiven Entdeckungen den Begriffswerkzeugen voraus waren, die seine Zeit ihm zur Verfügung stellen konnte.

Diese Idee habe ich bereits in *Le disséminaire* zum Ausdruck gebracht, leider jedoch in verkürzter und nicht ausreichend ausgeführter Form.

Mir scheint, daß mein Reflexionsniveau von heute mir mehr Klarheit erlaubt.

Die Entdeckungen Freuds sind zu unrecht dem Triumph der wissenschaftlichen Vernunft des 19. Jahrhunderts gegenübergestellt worden. Die Aufklärung des vorhergehenden Jahrhunderts fand ihre Vollendung in den wissenschaftlichen Errungenschaften des folgenden Jahrhunderts. Die Entdeckungen Freuds wurden um so weniger verstanden und um so mehr abgelehnt, als sie die positivistische Epistemologie erschütterten, die die Grundlage des wissenschaftlichen Fortschritts im 19. Jahrhundert bildete. Freud saß in der Klemme. Mit der einen Hand erschütterte er den Positivismus, mit der anderen versuchte er, die Wissenschaftlichkeit der Analyse durch (den) Positivismus zu begründen, dem durch seine Entdeckung übel mitgespielt wurde. Daher die so auffällige Widersprüchlichkeit seines Vorgehens, die dazu führte, daß er seine Schriften unaufhörlich überarbeitete, ohne daß seine Grundannahmen davon auch nur im geringsten berührt wurden. Freud hatte weder die Mittel noch die Begriffswerkzeuge, die seinen Entdeckungen gemäß gewesen wären. Letztere waren einer Zeit voraus, die sie nicht in einen wissenschaftlichen Korpus integrieren konnte, dessen Gültigkeit von all den triumphalen Erfindungen des Jahrhunderts bestätigt wurde.

Die Entdeckung Freuds hat nicht nur die Vernunft oder das Bewußtsein des Subjekts erschüttert. Nicht nur das Bewußtsein wird dezentriert, sondern das Subjekt selber wird seines Amtes *enthoben*, wie man von einem abgesetzten Souverän sagt. Der wirkliche Herr der Psyche ist nicht mehr die Vernunft, sondern die Unvernunft des unbewußten Triebes.

Die Leiden, die Freud erdulden mußte, die Verkennung der Bedeutung seines Werkes und der Preis, den die psychoanalytische Bewegung zu zahlen hatte (und die Schuld ist noch nicht getilgt), haben ihren Ursprung in diesem geschichtlichen Dilemma.

Freud hatte eine Vorahnung vom Leidensweg seines Werkes. Keiner hat nüchterner und klarer gesehen, was seine Zukunft bringen würde. Er selber hat sogar eine Lösung dafür vorgeschlagen – auf seine Weise. In einem Brief an Fließ vom 28. Mai 1899 – das Datum ist nicht unwichtig, denn er hatte gerade das Manuskript über die »Deckerinnerungen« an seinen Verleger Ziehen nach Jena geschickt, und zweifellos las dieser auch die ersten Entwürfe der *Traumdeutung* – hob Freud das Dilemma hervor, in das ihn seine Schriften brachten, und erzählte dann folgende Anekdote: »ein Ehepaar, das einen Hahn und eine Henne besitzt, beschließt, sich zu den Feiertagen einen Hühnerbraten zu gönnen, kann sich aber zur Wahl des Opfers nicht entschließen und wendet sich darum an den Rabbi. ›Rebbe, was sollen wir tun, wir haben nur einen Hahn und eine Henne. Wenn wir den Hahn schlachten, wird sich die Henne kränken, und wenn wir die Henne schlachten, wird sich der Hahn kränken. Wir wollen aber Huhn essen zum Feiertag; Rebbe, was sollen wir tun?‹ Der Rabbi: ›So schlacht's den Hahn.‹ – ›Da wird sich doch die Henne kränken.‹ – ›Ja, das ist wahr, also schlachtet's die Henne.‹ – ›Aber Rabbi, dann kränkt sich der Hahn.‹ – Der Rabbi: ›Loss er sich kränken!!‹«[25]

Nichts zwingt uns, unsere Identifikationen so weit zu treiben, die Sorgen Freuds zu teilen. Wir verfügen heute über Begriffsinstrumente, die es erlauben, Freuds Entdeckungen und die post-positivistische Vernunft – die unserer Zeit – zusammenzuführen.

Die Bedeutung des Freudschen Werkes wurde verkannt – und wird es immer noch –, weil es zu früh gekommen ist. Aber wir sind nicht zu den gleichen Unannehmlichkeiten verdammt, wenn es uns gelingt, ins 21. Jahrhundert nicht mit der nostalgischen Sichtweise des 19. Jahrhunderts einzutreten.

---

25 S. Freud, *Briefe an Wilhelm Fließ 1887–1904*, Frankfurt 1986, S. 386.

Der Wert von Objekten

Ich möchte jetzt versuchen, so weit und so genau wie es mir möglich ist, die Geheimnisse – die, was immer man behauptet, nicht gelöst sind – jener Synapsen zu untersuchen, die die anorektalen Schleimhäute mit allen Gütern dieser Welt und vor allem mit dem verbinden, was sie alle unter eine Kategorie subsumiert: das *Geld*. Diese Zusammenhänge sind so unglaublich, daß sie ständig zu einer bitterbösen oder scherzhaften Zuspitzung der polemischen Auseinandersetzungen zu diesem Thema geführt haben.

Es gibt, so glaube ich zumindest, in der gesamten psychoanalytischen Literatur kein Werk, das so, wie es mir vorschwebt, sämtliche Probleme behandelt, die vom Geld und seinen Beziehungen zur Psychoanalyse in ihren theoretischen, technischen und praktischen Aspekten aufgeworfen werden.

Eine Art von Schamhaftigkeit, die gelegentlich verständlich ist (ohne daß man auf ihre uneingestehbare oder uneingestandene Genese zurückgreifen müßte), oft aber auch weniger verständlich ist, scheint, wenn auch in unterschiedlichem Maße, eine hemmende Wirkung auf die Psychoanalytiker und auf die gesamte Gesellschaft auszuüben.

Die amerikanische Gesellschaft zum Beispiel nähert sich diesem Problem mit geringerer Zurückhaltung als die französische, und zwar in vollem Umfang und mit allen Folgen, die in vielem – was festzustellen keines besonderen Scharfsinns bedarf – über den Bereich der Psychoanalyse hinausgehen.

Da wir die Betrachtung nicht auf den gesamten Bereich ausdehnen können, den das Geld im Leben des Subjekts einnimmt (also in den Beziehungen zu den Bildungselementen seines Charakters und darüber hinaus zu den Konsequenzen auf die Verhaltensweisen des Subjekts als ökonomisch wirkende Kraft im gesellschaftlichen Feld, und sogar bis hin zu den Charakterzügen, die das Subjekt in seinem Verhältnis zu den »Besitztümern« oder zum Geld einnimmt, das seit unvordenklichen Zeiten die Rolle eines allgemeinen Tauschmittels spielt), lassen wir diese Frage in dem Halbdunkel, in dem das Geld und seine Benutzer sich am wohlsten zu fühlen scheinen. Wenn es beim Individuum eine Verdrängung der unbewußten Bedeutung des Geldes gibt, so ist die gleiche Verdrängung – oder eine andere, auch das muß man sich fragen – nicht weniger im gesellschaftlichen Feld wirksam.

Sich dem Problem des Geldes zu nähern, also dem, was aus ihm geworden ist und was es schon immer gewesen ist, wenngleich in jeder Gesellschaft auf unterschiedliche Weise, hat somit etwas Schwindelerregendes. So als ob man versuchte, bei einer auf dem Kopf stehenden Pyramide von ihrer Basis aus den Punkt auszumachen, auf dem sie ruht.

Um nur das Problem von Geld und Analität untersuchen zu können, muß man diese Beziehung – ihren universellen Charakter und die determinierende Bindung, die ihre Entwicklung bestimmt – zunächst für grundlegend halten. Und man muß sich sogleich die Frage nach dem Geltungsmuster stellen, das man dieser Beziehung legitimerweise zubilligen kann. Wie können wir bis in das Aktivitätszentrum vorstoßen, in dem die Geltung dieser Beziehung – und aufgrund welcher Gesetzmäßigkeiten – festgelegt wurde?

Daß Freud es gesagt hat, genügt nicht. Daß wir – ich meine, die übereinstimmende Gesamtheit der Psychoanalytiker – es seit vielen Jahrzehnten ständig wiederholt haben, reicht noch weniger. Alle die »beobachtbaren Tatsachen«, »die analytische Erfahrung« von Müttern oder Erziehern, die Argumente, die aus dem analytischen »Material«, aus den Assoziationen, den Träumen, der Folklore und den Mythen bezogen wurden, können für sich selber keine Gültigkeit logischer Art beanspruchen, sondern sind nur metaphorische Analogien. Sie sind zwar nicht wertlos, aber sie genügen einfach nicht den Ansprüchen, die sich mit Annäherungen nicht zufrieden geben. Wenn es diese Beziehung gibt, so kann sie nur dann zu einer begründeten Überzeugung führen, wenn sie sich auf eine wirklichkeitsgetreue Identitätsbeziehung zwischen den beiden Termen beschränkt. So, als ob es möglich wäre, zwischen die beiden Terme ein »Gleichheits«-Zeichen oder einen Doppelpfeil zu setzen, um anzuzeigen, daß sie nicht nur durch eine Gleichung verbunden sind, sondern daß jeder einzelne auch an die Stelle des anderen treten kann und daß sie sich reziprok ersetzen können.

Wenn ich die psychoanalytische Literatur zu diesem Thema lese, fürchte ich oft, auf Argumente zu stoßen (von denen es genug gibt), die – nach einem chinesischen Sprichwort – besagen, daß man den Mond nicht mit dem Finger verwechseln dürfe, der auf den Mond zeigt.

Das Geld ist mein Nächster

Liebe deinen Nächsten, wie dich selbst«, mahnt das Wort Christi. Aber wenn Christus das so sagt und empfindet, dann deshalb, weil er sich als Sohn Gottes offenbart. Ganz gleich, ob man das glaubt oder nicht, ob er es in Wirklichkeit war oder ob er nur einer jener wahnsinnigen Propheten Gottes war, die in diesem Land aus Sand, Steinen und Sonne herumliefen. Wenn Christus das sagt, predigt er für das Königreich Gottes. Nicht nur, daß Gott uns mit jener unendlichen Liebe liebt, die Jesus durch die Filiation empfängt, auch Gott selber bedarf der Liebe seiner Schöpfung. Und gerade diese Wechselbeziehung ist der Beweis für die göttliche Vollkommenheit. Nähme man an, daß Gott die Menschen nicht liebte, dann wäre sein ganzes Werk mit Unvollkommenheit geschlagen.

Da man zumindest seit Spinoza wiederholt, daß jede Determination eine Negation sei, beeinträchtigte ein Gott, der seine Schöpfung nicht liebte, seine eigene Vollkommenheit. Die unerwartete Folge wäre, daß Gott als weniger frei erschiene als der Mensch. Gott muß den Menschen lieben, aber der Mensch selbst – reine Kontingenz – kann sich weigern, Gott zu lieben.

Steigt man, um sich von diesen Feinheiten abzuwenden, wieder auf die Erde herab, so scheint das, was der Mensch mit einer Liebe liebt, auf die Gott eifersüchtig sein könnte und die Jesus verabscheut hätte, in erster Linie er selbst zu sein – zumindest auf den ersten Blick. Wie wir sehen werden, ist das Geld jene narzißtische Mimesis, die ihn repräsentiert und die Gesamtheit der Welt der Objekte repräsentiert, die er mit seiner Hilfe erwerben kann.

DIE ÖKONOMISCHE WELT
BEI MARX

Diese ökonomische Welt ist die Versteinerung aller in ihr wirkenden Kräfte. Letztere haben keine *menschliche*, das heißt kontingente Existenz, sondern wirken wie Naturkräfte, also in ihrer tatsächlichen Blindheit und in der Blindheit, zu der die Struktur der Produktionsverhältnisse sie *bestimmt*.

Man kann den geschichtlichen Determinismus von Marx besser verstehen, wenn man berücksichtigt, daß die ökonomischen Kräfte – Arbeiter und Kapitalisten – nicht selbst handeln, sondern von Kräften angetrieben werden, die auf sie einwirken, wie die Gravitationskraft auf einen Stein. Diese Kräfte zwingen ihn, herabzufallen und sie verfügen ihrerseits genausowenig wie die Gravitationskraft über einen Freiheitsspielraum, durch den Kontingenz eindringen könnte. Marx hat die Kontingenz in mechanische Notwendigkeit umgewandelt, er hat den Himmel auf die Erde hinuntersteigen lassen, aber in einem ganz anderen Sinne als in dem Gedicht von Eluard. Marx erzeugt mit dem Sublunarischen das Himmlische. Mit dem subtilen Dunst der ungreifbaren Kontingenz versucht er, übereinanderliegende versteinerte *Schichten* – der Kristall von Henri Atlan – von gesellschaftlichen Klassen ohne eine Versöhnungsmöglichkeit zu fabrizieren, die auf ein und derselben Umlaufbahn aufeinanderzustürzen, bis es zu jenem historischen Zusammenstoß kommt, der als Revolution bezeichnet wird, ebenso unvermeidlich, wie

streng determiniert durch die Gesetze, die den Aufeinander-
prall und die Explosion von zwei Sternen bestimmen.

Es ist schwierig, den Kapitalisten noch abstrakter zu fassen,
als Marx das getan hat. Der Kapitalist hat nur insofern eine
Existenz, einen historischen Wert und sogar nur ein Existenz-
recht, als er *personifiziertes Kapital* ist. In diesem Punkt nimmt
Marx Simmel vorweg, indem er hervorhebt, daß das Ziel, das
die Aktivität des Kapitalisten bei der Produktion von Gegenständen bestimmt, weder der Gebrauchswert noch der Genuß
ist, den sie verschaffen, sondern nur ihr Tauschwert und ihre
unendliche Vermehrung.

Seit den Vorsokratikern bemüht man sich darum, die spezifischen Eigenschaften des Menschen zu bestimmen. Er ist ein
Homo faber, weil er eine Hand hat, ein *Zoon politikon*. Er ist das
einzige Tier, das weiß, daß es sterben muß, und dennoch sein
Leben in Prestigekämpfen aufs Spiel setzt. Für Georg Simmel
ist der Mensch in erster Linie ein Tier, das etwas *austauscht*.

Sogar die weltweite Verbreitung des Inzests läßt sich durch
diese Eigenschaft erklären. Ebenso kann man sagen, daß das
Inzesttabu nur deshalb respektiert werden muß, weil es eine
menschliche Gemeinschaft begründet, das heißt, eine Kollekti-
vität, die die Gesamtheit ihrer Besitzgüter und vor allem die
Familienmitglieder austauscht. Für Marx ist der Kapitalist nur
als *Personifikation des Kapitals* respektabel. Marx hütet sich vor
jeglicher Psychologisierung, es sei denn, die Feder juckt ihm
in der Hand – was ihm oft widerfährt – und er vergißt die
Gesetze, die er formuliert. So klagt Marx den Kapitalisten nicht
der Habsucht an, eines übertriebenen Geschmacks für die Güter
dieser Welt, eines »Willens« zur Anhäufung von Reichtümern,
die er seiner Armee von Ausgebeuteten entzieht. Die kapitalistische Produktion zwingt auch dem Kapitalisten, der in ihr nur
ein einfaches Triebrad ist, ihre eigenen Notwendigkeiten auf.
Der Kapitalist ist nicht freier als seine Arbeiter. Diese können
ebensowenig aufhören zu arbeiten, wie zu essen. Die Gesetze

der kapitalistischen Produktion verlangen, daß das in einem Unternehmen investierte Kapital sich unaufhörlich vermehrt, was nur durch eine progressive Akkumulation geschehen kann. Der Erwerb von Reichtum und seine Vermehrung beruhen nicht auf irgendeinem persönlichen Herrschafts-»Wunsch«. Die Unterwerfung von immer mehr Arbeitern, die begrenzte Steigerung der Leistungsfähigkeit der Maschinen und die Eroberung von immer größeren Marktanteilen sind nur äußere Zwangsgesetze, die es dem Unternehmen ermöglichen, weiterzuexistieren; andernfalls geht es ein oder wird von der gnadenlosen Konkurrenz, mit der Kapitalisten untereinander konfrontiert sind, geschluckt, weil *sie ihre Funktion als Kapitalisten ausüben, nämlich die Funktion, sich zu bereichern.*[26] Aber Marx wäre nicht Marx, wenn die Feder nicht mit ihm durchginge und der Polemiker wieder zum Durchbruch käme. »Als Fanatiker der Verwertung des Werts zwingt er rücksichtslos die Menschheit zur *Produktion um der Produktion* willen«.[27]

Die Akkumulation durch den Kapitalisten erfolgt nicht aus einer einsamen Leidenschaft, aus einem blinden Bereicherungstrieb wie beim Schatzbildner, der, weil er antisozial ist, seine Gegenfigur ist. Wenn die beiden Klassen einander gegenüberstehen und sich bekämpfen, so liegt das aus der Sicht von Marx daran, daß der Prozeß, in den sie eingebunden sind, über sie hinausgeht und sie sich unterordnen. Ihr Kampf ist der Preis, den die Gesellschaften bezahlen, um zu tauschen, sich selbst und am Ende dieses Kampfes die ganze Menschheit zu bereichern. So gnadenlos dieser Kampf auch erscheinen mag, so ist er trotzdem unvermeidlich und steht im Dienste des Fortschritts. Für Marx ist der Schatzanhäufer unmoralisch und schuldig. In Wahrheit ist er ein Verschwender und die antinomische Gestalt des gesellschaftlichen Fortschritts. Das

---

26 Vgl. Marx, *Das Kapital* Bd. 1, MEW 23, S. 618.
27 Ebd. [Die Hervorhebung stammt aus der französischen Ausgabe (A. d. Ü.)]

gesamte kapitalistische System ist ein gigantisches Unternehmen zur Sparsamkeit und zur progressiven Akkumulation.

Der Kapitalist ist unschuldig. Er ist nur ein Teil des Räderwerks, das die Gesamtheit der kapitalistischen Mechanik darstellt, deren ökonomische Gesetze den gleichen Zwängen unterliegen wie die Gesetze der Himmelsmechanik.

Das Pikante an der ganzen Geschichte ist, daß Marx recht hat. Er lobt Ricardo, weil dieser sich von den Vorurteilen befreit habe, die den Arbeiten der früheren Ökonomen abträglich waren. Berücksichtigt Ricardo doch nur die Kräfte, die ganz unverhüllt im gesellschaftlichen Bereich zutage treten. Alle Wissenschaften machen es so. Sie wählen einen Ausgangspunkt, der es ihnen ermöglicht, ein schlüssiges Modell zu schaffen, das die Anarchie des Realen beherrscht. Aber was in den Naturwissenschaften Geltung hat, gilt nicht mehr in den Wissenschaften, die sich mit den Menschen befassen, da diese weder Steine noch Gestirne sind.

Eben darin liegt der Grund, daß Marx sich trotz des Systems der Analyse, der Kritik und der Voraussage, mit dem er sich versah, so oft irrt. Er spielt, das ist richtig, aber manchmal leider nur recht unglücklich. Man hat noch nie erlebt, daß ein Astronom, weil er kein Glück hat, beobachten muß, daß die angekündigte Eklipse beim Zusammentreffen ausbleibt. Darin liegt die ganze Entfernung zwischen Himmel und Erde.[28]

---

28 Ein Beispiel unter Hunderten findet sich dafür in einem Brief an Engels vom 8. Oktober 1858: »... auf dem Kontinent ist die Revolution immiment und wird auch sofort einen sozialistischen Charakter annehmen.« (MEW Bd. 29, Berlin 1963, S. 360) [Viderman zitiert nach: Maximilian Rubel, *Sociologie critique*, Paris 1970, S. 264].

Oder auch Engels: »Der dem Herrn Dühring überkommenen Denkweise der gelehrten Klassen muß es allerdings als eine Ungeheuerlichkeit erscheinen, daß es einmal keine Karrenschieber und keine Architekten von Profession mehr geben soll und daß der Mann, der eine halbe Stunde lang als Architekt Anweisungen gegeben hat, auch eine Zeitlang die Karre schiebt, bis seine Tätigkeit als Architekt wieder in Anspruch genommen wird.« (»*Anti-Dühring*«, MEW Bd. 20, Berlin 1962, S. 186) [Viderman zitiert nach Kortos Papaioannou, *De*

Marx wollte mit der Ideologie und ihren Prügelknaben, die er in der *Deutschen Ideologie* mit ungezügeltem polemischen Schwung aufs Korn nimmt, brechen. Aber die Ideologie ist so etwas wie eine zweite Natur des Geistes; sie hat eine Scheu vor dem Leeren. Man kann sie nur zugunsten einer anderen vertreiben. Marx ist wie die Taube bei Kant, die glaubt, daß ihr Flug ohne den Luftwiderstand leichter wäre. Er glaubt, daß seine Aufgabe leichter wäre, daß seine Kritik des vorhandenen ökonomischen Systems durchschlagender wäre und die Revolution näher stünde, stieße er nicht auf die Widerstandskraft einer bürgerlichen Ideologie, deren schädlicher Charakter selbst jene infiziert, die kämpfen sollten, um jene Klarheit zu erlangen, die Marx ihnen zugleich als wissenschaftliche Wahrheit und als revolutionäres Instrument anbietet.

Wenn Marx jeden Wert aus der Arbeitskraft ableitet, ist er überzeugt, daß er das Äquivalent für das kleinste unteilbare Teilchen in der Atomistik von Demokrit gefunden hat. In Wirklichkeit haben wir es mit einer ideologischen Position zu tun, die die Arbeitskraft des Arbeiters zur einzigen Quelle jeglichen Wertes macht. Marx glaubte, einen unwiderlegbaren Beweis für die ökonomische Vorherrschaft der Arbeit des Arbeiters vorgelegt zu haben und gleichzeitig ihre Ausbeutung zu kritisieren. Eine doppelte und sogar *empörende* Ausbeutung. Die Arbeitskraft ist der einzige Wert, der alle anderen Markt- oder Handelswerte produziert, und diese in monströser Weise ausgebeutete Arbeitskraft reduziert den Schöpfer von Werten auf den Zustand von *Bedürftigen*[29].

Diese Ideologie funktionierte durch die elende Allgegen-

Marx et du marxisme, Paris 1983, S. 142]. Das ist, in etwas anderer Form, die zukünftige Gesellschaft, die Marx mit jenem prophetischen Lyrismus vorausgesehen hat, der die Kehrseite der strengen Wissenschaftlichkeit seiner Bemühung ist.

29 »In dem Begriff des *freien Arbeiters* liegt schon, daß er *Pauper* ist: virtueller Pauper.« (K. Marx, *Grundrisse der Kritik der politischen Ökonomie*, Moskau 1939–41, S. 497)

wart des Systems maximaler Ausbeutung, das den Proletarier zugrunde richtete; sie stand für eine glänzende Zukunft, die ihm versprochen worden war und für die er seinen revolutionären Willen einsetzen sollte – eine Zukunft, die am *unausweichlichen* Horizont der Geschichte stand, den das Proletariat aber trotzdem nicht tatenlos und in der Gewißheit einer Parusie abwarten konnte; es mußte aktiv Anteil nehmen, um das Feuer zu schüren, das das verhaßte System in Schutt und Asche legen sollte. Im Gegensatz dazu entfaltete die zukünftige Gesellschaft ihre eschatologischen Versprechen, eine Gesellschaft, die nicht die gnadenlose *objektive* Grausamkeit des kapitalistischen Ausbeutungssystems wiederholen durfte. *Alle* sollten diese Freiheit am eigenen Leibe erfahren, die es jedem erlaubte, sich am Morgen auszuruhen, am Nachmittag fischen zu gehen etc.

Mutatis mutandis, wenn Freud *dekretiert* (denn wir müssen ihn beim Wort nehmen), daß das Unbewußte weder Zeit noch Raum oder Tod kennt, liefert er uns ebensowenig wie Marx ein Konzept, das durch eine Theorie wissenschaftlicher Art begründet wird, das heißt verifizierbar und widerlegbar wäre, sondern nur eine schlichte ideologische Position. Wie konnte Freud die Idee der Unauslöschlichkeit der Spuren von – erlebten *und eben doch nicht erlebten* – Ereignissen und die der Fähigkeit der Analyse, sie so zu rekonstruieren, *wie sie in Wirklichkeit geschehen sind*, begründen, ohne vom Postulat der Unauslöschlichkeit der dem Subjekt widerfahrenen Ereignisse auszugehen?

Meines Wissens scheint die Frage noch nicht ausreichend erörtert worden zu sein, woher Freud die Gewißheit nimmt, daß das Unbewußte weder Zeit noch Raum oder Tod kennt. Die Zeit scheint bei Freud weniger reversibel, als vielmehr nicht vorhanden zu sein. Und diese Annahme der Unbeweglichkeit der Zeit kann nicht aus irgendeiner Beobachtung hervorgegangen, sondern nur die Schlußfolgerung aus einer Beweisführung sein, deren Prämissen sich erst einstellen, wenn die Schlußfolgerung bereits gezogen worden ist.

Wenn die Psychoanalyse in der Lage sein soll, das Unbewußte in seinem ursprünglichen Zustand zu erfassen, so wie es in unveränderlichen, dauerhaften Zeichen konstituiert ist, muß man jede Veränderungsmöglichkeit, die allein von der Zeit bewirkt werden könnte, ausschließen. Wie konnte man das Unbewußte plötzlich mit der Kraft, die man an ihm bei der Wiederholung der Übertragung feststellte, auftauchen und handeln sehen, nachdem man es zu einem schwarzen Kontinent gemacht hatte, ganz und gar in der eisigen Ursprünglichkeit gefangen und in der sagenhaften Zeit des *illo tempore* stillgelegt? Dieses ursprüngliche Unbewußte, das niemals eine andere Zeit als die Vergangenheit gekannt hat, dessen Gegenwart niemals eine wirkliche erlebte, in die Erinnerung eingeschriebene und in historischer Faktizität vorgestellte Zeit gewesen ist, durch welches Wunder soll es sich, da es weder Zeit noch Raum kennt, im analytischen Rahmen entfalten und in all den vergänglichen Gestalten der Übertragung, entsprechend dem, was es niemals gewesen ist, aktualisieren?

Damit diese Konzeption ihre Kohärenz bewahren kann, ist es notwendig, daß die Zeit abgeschafft wird (Zeitlosigkeit des Unbewußten), daß ihre Wirksamkeit geleugnet wird (mit welcher Wirksamkeit könnte eine Sache versehen sein, die es nicht gibt?) und daß ihre Umkehrbarkeit (Übertragung oder wieder in Erinnerung rufen) in den Rang eines Dogmas erhoben wird, damit die Geschichte, auch die am weitesten zurückliegende, die dem Subjekt selbst nicht bewußt ist, in voller Frische erhalten werden kann.

Freuds drei Phasen können in einem idealen Endstadium zusammentreffen, das auch seinen Namen geändert haben wird und für den Charakter das wäre, was für Marx die vollkommene Endgesellschaft ist. Diese hätte es dann verstanden, die früheren Phasen zu integrieren, die nur noch ein von der »kommunistischen Gesellschaft«, »dem kommunistischen Menschen« (Aragon) vertriebener dunkler Schatten wären. Die

Geschichte hätte die Aufgabe übernommen, sich selbst abzuschaffen. Es gäbe keine Geschichte mehr, da diese nur das verstärkte und ungeordnete Echo eines Klassenkampfes wäre, den die Revolution abgeschafft hätte.

Hat man nach den Ereignissen im Osten im Herbst 1989 nicht von einem »Ende der Geschichte« gesprochen? Man brauchte nur einige Monate zu warten, bis der Golfkrieg uns wieder auf die Erde, die unaufhörlich Konflikte erlebt und erzeugt, zurückgebracht hatte.

Da Marx in keiner Weise die zahllosen unvorhersehbaren Faktoren berücksichtigt hat, die den Kurs der geschichtlichen Ereignisse in eine andere Richtung lenken, ließ er sich zu vielen Voraussagen über das unmittelbare Bevorstehen der Revolution verleiten, die jedesmal durch den konkreten Ablauf der wirklichen Geschichte widerlegt wurden – zu Ungunsten jener Geschichte, die er in der *camera obscura* der Ideologie sah, welche nicht viel besser funktionierte, als das Lesen im Kaffeesatz. Ebenso sehen wir, wie sich bei Freud – und zwar aus ähnlichen Gründen wie denen, die den Vorhersagen von Marx so viele Dementis einbrachten – die massiven Illusionen wiederholen, die bewirken, daß das Funktionieren seines Kausalsystems durch das unaufhörliche Scheitern seiner Fähigkeit zur Vorhersage verhindert wird.

Unter den klassischen Beispielen, die man bei Karl Abraham findet, habe ich das folgende ausgewählt. Einer seiner Kranken hatte die Gewohnheit, seine Ziege nur mit einzelnen Halmen zu füttern. Abraham sah darin, nicht ganz zu unrecht, einen Geiz, den er mit der Eigenheit des analen Charakters verband, die das Subjekt zwingt (nach dem archaischen Vorbild der sparsamen Entschuldung), sich nur in *refracta dosi*, wie er sich ausdrückt, von seinen Gütern zu trennen. Es handelte sich in diesem Fall ganz klar um einen delirierenden Psychotiker. Dieses Verhalten in streng determinierter Weise mit der *Ursache* zu verbinden, die in dem verdrängten *Wunsch* besteht,

57

sich nicht auf einen Schlag von all seinen Fäkalien zu trennen, verrät durch sein Beharren darauf, den – nicht zu liefernden – Beweis durch eine *Prinzipienerklärung* zu ersetzen, einen Mangel an Urteilskraft. Die Annahme beruht einzig auf dem Glauben an die Theorie von Freud, der hier in ideologischer Weise vorgeht.

Wie unterscheidet man zwischen dem, was zur Ebene der Konstitution gehört, was auf Rechnung der genetischen Kombinationen geht, was aus den analen, oralen oder phallischen Phasen stammt, und den unzähligen Zufälligkeiten des Lebens; den zufälligen Ereignissen, die so viele Fäden zu unvorhersehbaren Gestalten verweben, daß eine Mannigfaltigkeit von Formen einer erlebten Zeitlichkeit erzeugt wird, die unaufhörlich die brüchigen Konfigurationen zusammenweben, entflechten und wiederherstellen, die eine konkrete Existenz ausmachen, also ein wirkliches Leben und nicht die Abstraktion, eines bereits seit dem Ursprung festgeschriebenen Lebens? Diese Frage richtet sich gleichermaßen an Marx und an Freud, man braucht nur die Begriffe auszuwechseln. Die äußerste Spitze dieser positivistischen Wissenschaftsgläubigkeit verbindet den reinen philosophischen Idealismus auf der einen Seite mit den schicksalhaften Übertreibungen von Offenbarungstheologien auf der anderen Seite. Mit ein und derselben mäeutischen Hand stellt Freud das Subjekt in die Welt und nagelt seinen Sarg zu.

Was sich in den Tiefen des Wassers rührt, bewegt und wirkt, hat nichts mit den aufsteigenden Blasen zu tun, die an der Oberfläche zerplatzen.

Der »anale Charakter« entsteht nicht in einer Art von »Analität an sich«, sondern weil die Analität ein Feld für den Kampf zwischen der Erziehung, die etwas verlangt, und dem Kind, das *Nein* sagt, bereitstellt. So wie für Malraux das Zeichen von *Charakter* (ohne qualitative Bestimmung) darin besteht, »der Komödie ein Ende zu machen«.

An diesem Gegensatz *bricht oder stählt sich* das Kind. Es gibt ebensowenig einen Geizhals *an sich* wie einen Onkel an sich. Der Geiz ist eine Beziehung zum anderen. Ein analer Charakter wird durchaus nicht immer durch den Geiz definiert, auch Großzügigkeit kann anal sein. Der *grumus merdae*, den die Einbrecher, laut Freud, am Tatort hinterlassen, ist zugleich eine Verdoppelung der Aggression, eine erotische Bindung und eine ironische Form des *Potlatch*, die vielleicht für die Wiener Einbrecher charakteristisch ist.

Es ist unmöglich, von Analität bei den anderen Tiergattungen zu sprechen. Das Lächerliche daran würde sehr schnell deutlich. Die Analität und ihre Folgen für die Charakterbildung sind, wohlgemerkt, kein biologisches Phänomen, sondern eine der Manifestationen eines gegebenen kulturellen Milieus. Die sogenannten analen Charakterbildungen ergeben sich nicht aus einer Form von transzendentaler Analität, sondern erweisen sich als eine der einfachen Modalitäten, die die grundlegende Konfliktbehaftetheit jeder menschlichen Beziehung ausdrücken.

Die Oralität ihrerseits und die Charakterzüge, die sie entwickelt, beruhen nicht auf dieser Regel der Konfliktbeziehung zum anderen. Der »Stuhlgang« hat keinerlei Bedeutung an sich: er ist nichts anderes als das, was unsere Sinne sagen, was er sei. Er bekommt nur dann eine metaphorische Bedeutung und die Kraft dieser Bedeutung, wenn er zu einem *Einsatz* oder einem agonalen Spiel im Sinne von Huizinga[30] in dem Konflikt wird, der auch, mit unvergleichlicher Treffsicherheit, den Konflikt der oralen Phase kennzeichnet, und zwar auf der Grundlage von neuen neurophysiologischen Erkenntnissen, die mit der präödipalen Entwicklung verbunden sind. Die erstere macht den prägenitalen Ödipuskonflikt möglich, die zweite löst ihn aus.

---

30 Johan Huizinga, *Homo Ludens*, Hamburg 1956.

Karl Abraham zeigt sich in seinen Arbeiten zu den prägenitalen Phasen und den Charakteren, die sich bilden, um von verdrängten Trieben als erstarrte, vernarbte Mimesis zu zeugen, die immer die Spur ihrer Herkunft bewahren, derartig überzeugt von der determinierenden Verbindung, die den aus dem Bewußtsein verschwundenen prägenitalen Trieb mit seinem Charakterschößling verbindet, daß er der Meinung ist, es bestehe kein Bedarf, dafür einen Beweis vorzulegen, da, wie er schreibt, »die Tatsachen für sich sprechen«.

Seit Jahrzehnten zweifelt heute niemand mehr, sei er nun Analytiker oder nicht, an den von Abraham beschriebenen Tatsachen. Das wirkliche Problem liegt allerdings nicht darin, die Tatsachen zu *beschreiben*, sondern zu beweisen, daß die Verdrängung von archaischen Erlebnissen für eine gegenwärtige Pathologie verantwortlich ist und daß die Interpretation in der Lage ist, das ökonomische und dynamische Gleichgewicht zu verändern, das durch das Spiel der Abwehrmechanismen gestört wurde, und die libidinöse Harmonie wiederherzustellen.

Bei dem erwähnten Fall von Abraham hat der Kranke allerdings nicht einmal eine Interpretation nötig, denn er liefert sie von sich aus. Es ist richtig, daß es sich um einen Psychotiker handelt, der, wie wir uns das vorstellen, einen direkten Zugang zu seinem Unbewußten hat. Daraus ergibt sich, daß die Fälle von Neurose von sich aus ein Gefühl für das haben, was auf dem Spiel steht. Ist das nicht der Fall, so wird die Interpretation allein nur selten genügen, um das Problem zu lösen.

Erst ein achtzehnjähriges unschuldiges junges Mädchen antwortete im Jahre 1899 in Wien angesichts einer gewagten sexuellen Interpretation Freuds in geringschätzigem Ton: »Ich wußte, daß Sie das sagen würden«.

Wenn man versucht, sich die Verbindung von Analität und Geld in Form einer auf den Kopf gestellten Pyramide vorzustellen, sieht man, daß dieser Ursprung eine explosive Kraft enthalten muß, damit wir uns diese Liebe zum Geld, zu Besitztümern und diesen Goldrausch vergegenwärtigen können, der, um nur ein Beispiel zu nennen, Cortez von den Ufern Spaniens zu denen Südamerikas geführt hat, um dort Zivilisationen zu zerstören und sich des verfluchten Metalls zu bemächtigen – von dem diese Völker kein großes Aufheben machten.

Das Bild der umgekehrten Pyramide ist nicht falsch, aber ausgehend von ihm muß man sich fragen, was in der entferntesten Vergangenheit – die so fern, so vergessen und so verschwindend klein ist, daß sie im Verhältnis zu dem, was folgen sollte, nämlich im Verhältnis zu jener Explosion des von derartigen Ambitionen bewegten gesellschaftlichen Feldes, gerade lächerlich zu sein scheint – den Weg für Kettenreaktionen öffnet, die gerade den Mittelpunkt unserer Zivilisationen bildet.

Diesem Ursprung, der so unsichtbar ist, daß der einzigartige Scharfblick des psychoanalytischen Auges nötig war, um ihn zu fassen zu kriegen, verdanken wir sämtliche Techniken, die in schwindelerregender Weise die manufakturelle Herstellung aller Gegenstände vervielfacht, welche vom unaufhörlichen Strudel der Austauschbewegungen erfaßt werden, die unsere Handelszivilisation ausmachen. In diese ferne Fäkalienliebe müssen sich jene Leidenschaften einschreiben, die die Spekulationen auslösen. Oder, einfacher gesagt (indem man Balzacs Betrachtungsweise des *Akkumulationstriebes* beiseite läßt): wenn diese Reichtümer sichtbar ausgebreitet werden, werden sie zu jener Antriebsenergie, die die ganze Gesellschaft vorantreibt, weiterentwickelt und am Leben erhält.

Die Komplexität des Produktionsverhältnisses und die enge Verflechtung von Industrie und Finanzwelt in den modernen Gesellschaften bewirken, daß die Einfachheit dieser *grundlegenden Beziehung*, ohne falsch zu sein, weder völlig richtig, noch so grundlegend ist, als daß unsere – die der Psychoanalytiker – einfachen Vorlieben und eher bescheidenen Strengeanforderungen dahin tendieren könnten, dem Ganzen einen möglicherweise falschen Stempel aufzuprägen.

Aber wir stehen erst am Anfang. Wenn ich mir noch etwas Zeit lasse und zumindest dieses Kapitel abschließe, so sage ich, aber das muß dem Leser schon längst klar geworden sein, daß die vom Psychoanalytiker zutage geförderte Beziehung zwischen den frühkindlichen analen Fixierungen einerseits und dem Geld andererseits bei mir eine gewisse Enttäuschung hervorrief. Ein bißchen in der Art, in der Oscar Wilde den Journalisten antwortete, die ihn nach seinen Eindrücken befragten, als er das Schiff verließ und seine ersten Schritte auf amerikanischem Boden machte: »Der Ozean hat mich enttäuscht …«

Vom Wert bei Marx

Marx hat bei der Bestimmung des Warenwertes nicht aufgehört, den Preis der Arbeitskraft des Arbeiters zu betonen. Aber Marx wäre nicht der gelehrte Ökonom gewesen, der *Das Kapital* geschrieben hat und dabei ständig in der gedanklichen Tiefe des Philosophen argumentiert hat, wenn er nicht gesehen – und gesagt – hätte, daß die Arbeitskraft auch eines der konstitutiven Elemente von Preisen und Löhnen ist. Aber es gibt auch einen Verschleiß der Werkzeuge und die Kosten für ihren Ersatz. Eine doppelte Notwendigkeit. Zum einen, weil die Maschine nicht einsatzbereit ist, und zum anderen, weil sie durch den technischen Fortschritt veraltet und weil der Wettbewerb neue Maschinen verlangt.

Doch Marx unterstreicht immer wieder den entscheidenden Anteil der Arbeitskraft bei der Bildung des Warenwertes und hebt die Ausbeutung der Arbeitskraft des Arbeiters hervor, für die dieser nur soweit entlohnt wird, wie es zu ihrer unmittelbaren Reproduktion notwendig ist. Wenn Marx als politischer Kämpfer davon überzeugen will, daß die Ausbeutung der Arbeitskraft des Arbeiters ungerecht ist (er »baut Paläste für den Kapitalisten und Kellerwohnungen für sich und seine Familie«), so muß er zeigen (wenn die Arbeitskraft des Arbeiters durch die Geldsumme – den Lohn – bemessen wird, die für ihre Reproduktion notwendig ist), daß auch jene

Besonderheit der Arbeitskraft berücksichtigt werden muß, die über ihre schlichte Reproduktion hinausgeht, die Schaffung eines Mehrwertes. Die Ausbeutung beruht also auf jener für das kapitalistischen System konstitutiven ursprünglichen Besonderheit – auf jener »Erbsünde«, wie er gelegentlich sagte, denn es fehlte ihm ja nicht an revolutionär dichterischer Begeisterung –, daß die Arbeitskraft mehr Wert *schafft*, als sie auf dem Markt kostet. Die Differenz – wer bemißt den Grad der Ausbeutung der Arbeiterklasse – wandert in die Taschen der Kapitalisten. Die Lohnarbeit, ein permanenter Raub, durch den der Arbeiter tagtäglich ein wenig von seinen Kräften und letztlich sein Leben einbüßt, verdoppelt den ersten Raub, nämlich den der Produktionsmittel.

Die Beharrlichkeit von Marx hinsichtlich der Betonung der Rolle der Arbeitskraft bei der Entstehung des Warenwertes, der zum ethischen Vokabular hinzugefügt wird, auf das er – obwohl dessen längst überdrüssig – unaufhörlich zurückgreift, zeigt deutlich, daß bei ihm die Ideologie über die Bemühung um Objektivität und Wissenschaftlichkeit den Sieg davongetragen hat. Marx ist ständig mit diesem Widerspruch konfrontiert. Was er in seinen ökonomisch-philosophischen Untersuchungen anstrebt und was ihm oft auch gelingt, ist eine Beschreibung der ökonomischen Prozesse der kapitalistischen Produktion in den Begriffen von reinen Kräften, die in objektivierten Strukturen aufeinandertreffen, in denen an dieser idealen Grenze, zu der seine Bemühungen ihn führen, die Akteure jeglicher Subjektivität – jeglicher Sentimentalität – entkleidet sind. Niemand ist *schuldig*. Diese allgemeine Unschuld aller Hauptakteure der gesellschaftlichen Tragödie ist offensichtlich eine Betrachtungsweise wie von einem anderen Stern aus, also die eines Philosophen, der sich – nicht gerade mühelos – über die geschichtlichen, das heißt kontingenten Konfrontationen von Klassen erhebt. Am Horizont sieht er, wie sein Meister Hegel, aber in ganz entgegengesetztem Sinne, das

Ende der Geschichte aufleuchten, das Nahen einer klassen-
losen Gesellschaft – der paradiesische Ursprung. Man kann
die Marxschen Theorien sowohl in theologischen wie in hege-
lianischen Begriffen beschreiben. Die wirkliche *Aufhebung* des
Klassenkampfes, die geschichtlich vorstellbar ist, ist gerade
jene künftige Gesellschaft, die Marx mit einer dichterischen
Kraft ankündigt, die nur mit der polemischen verglichen werden kann, mit der er die »Sykophanten« niedermacht.

Marx war nicht nur Philosoph, Soziologe und Ökonom,
sondern auch ein Aktivist, der sich im politischen Kampf
engagierte, der seine *Manuskripte von 1844* in einer Art von pla-
tonischer Entrückung schrieb, und so konnte man ihn vier
Jahre später im *Kommunistischen Manifest* mit der Stimme eines
Propheten sprechen hören. Diese Stimme ruft die Proletarier
auf, sich zu vereinigen, um im gemeinsamen Kampf die Ketten
zu zerbrechen – das einzige, was sie zu verlieren haben.

Marx wußte, daß es ein langer Kampf werden würde und
daß die besitzende Klasse sich ihre Besitztümer nicht so einfach nehmen lassen würde. Er wußte auch, daß es mit dem
ersten Schritt, mit der Revolution, noch nicht sofort möglich
sein würde, das Programm zu verwirklichen, das er in der
Deutschen Ideologie formuliert hatte: morgens fischen, nach-
mittags jagen. Die Ungleichheit würde sich durch ein revolutionäres Dekret nicht von einem Tag auf den anderen mit
einem Federstrich beseitigen lassen.

Ein revolutionärer Kämpfer, der Gründer der Ersten Internationale, konnte sich also nicht auf die Rolle des Ökonomen
oder Philosophen beschränken. Wie konnte er es vermeiden,
die Zukunft in anderen Farben zu malen als jenen, die er
benutzt hat, um dem Proletarit die Opfer plausibel zu machen,
zu denen es bereit sein mußte, damit die Umwälzungen, so
unvermeidlich sie auch in den Lauf der Geschichte einge-
schrieben sein mögen, sich hier und jetzt verwirklichten.
Damit die künftigen Akteure davon überzeugt werden konn-

ten, ihr Leben zu opfern, mußte vor ihren Augen eine paradiesische Zukunft aufleuchten – und zwar mit Akzenten, die sich kaum von denen des »Opiums des Volkes« unterschieden. Ein Glaube kann immer nur durch einen anderen ersetzt werden.

Marx war noch keine dreißig Jahre alt, als er das *Kommunistische Manifest* veröffentlichte, diesen Schlag ins Gesicht der kapitalistischen Welt.

Auch Freud sollte dieser Logik nicht entgehen. Auch er mußte die Farbe dicker auftragen, mehr versprechen, als man halten konnte. Auch er mußte Bündnisse schließen, eine Art von Kreuzzugsdisziplin durchsetzen und eine *Internationale* gründen, um Kritik zu üben und mit der gleichen Gewalt zurückzuschlagen, die seine Gegner benutzten, um seine angeblichen Hirngespinste zu bekämpfen.

Freud war neununddreißig Jahre alt – also weniger frühreif als Marx –, als er sich entschloß, seinen ersten großen Schlag in der Öffentlichkeit zu landen. Man stelle sich vor: dieser immer noch junge Mann, zumindest im Verhältnis zu dem Publikum, das er sich ausgesucht hatte, hatte 1896 die Kühnheit, gepaart mit dem dazugehörigen Genie, sich vor dem Wiener Verein für Neurologie und Psychiatrie zu präsentieren. Angesichts der ehrwürdigsten und ergrautesten Köpfe der Institution: Krafft-Ebing, der den Vorsitz führte, der Maynert mit der *amentia* und Wagner von Jauregg, der Erfinder der Impfmalaria zur Bekämpfung allgemeiner Lähmungen. Sie hörten zu, wie Freud ihnen erklärte, daß er, der er kein Psychiater sei, gefunden habe, was alle vergeblich gesucht hatten, nämlich die Quellen des Nils der Psychopathologie. Die ganze mentale Pathologie, fuhr er fort, hat einen einzigen Ursprung: die sexuellen Traumata der frühen Kindheit. Das weitere ist bekannt. Der Vorsitzende sagte ihm, daß man gerade ein schönes Märchen gehört habe. Freud bleibt keine Liebenswürdigkeiten schuldig, aber vertraut sie erst am nächsten Tag einem Brief an Fließ an: »Ich habe gestern abend vor einer Versammlung von Eseln gesprochen.«

Wenn wir uns nun mit zwei unterschiedlichen Welten, mit zwei in wesentlichen Punkten entgegengesetzten Konzeptionen beschäftigen, zeigt sich, daß die Analogie, die ich bereits auf anderen Ebenen herzustellen versuchte habe[31], durch die Zukunft bestätigt wird, die beide nicht kennen konnten, die aber unsere Gegenwart ist.

Marx und Freud legten beide Wert darauf, sich von ihren Vorgängern abzusetzen. Ersterer von den wissenschaftlichen Sozialisten, Engels etwa schrieb eine Broschüre mit dem Titel: *Die Entwicklung des Sozialismus von der Utopie zur Wissenschaft*. Letzterer in seiner ersten Phase, in die die *Studien über Hysterie* fallen, von der Hypnose und von der Suggestion; er wollte in der Entwicklung der Psychoanalyse nur einen offenen Bruch und keine Kontinuität mit dem, was vorausging, sehen.

Freud ist beunruhigt darüber, daß Lou-Andreas Salomé bis zu zehn Stunden täglich analysiert und bemängelt dies als reinen Masochismus.[32] Macht doch nur die Hälfte und verdoppelt eure Honorare. Und zögert auch nicht, ermutigt er hinter den Kulissen, höhere Honorare zu verlangen. Eure Arbeit, eure Ergebnisse sind die Mühe wert, sie sind genauso wirksam und präzise wie die eines Chirurgen.

Marx meint, daß es die ökonomisch vorherrschende Bourgeoisie in dieser komplizierten Gesellschaft, die durch die erste industrielle Revolution geschaffen wurde, auch geschafft hat, ihre Ideologie zu verbreiten und sie durch die ausgebeutete Klasse *verinnerlichen* zu lassen. Überdies sei es ihr gelungen, die ungezügelte Grausamkeit der Produktionsverhältnisse zu verschleiern. Marx beschreibt die pathologische Anatomie der Gesellschaft. Er bringt die verbrecherische Substanz der kapitalistischen Produktionsverhältnisse ans Licht: Die Lebenser-

---

31 Vgl. mein Buch *Le Disséminaire*, Paris 1987.
32 Vgl. Sigmund Freud/Lou Andreas-Salomé, *Briefwechsel*, Frankfurt 1966, S. 137, 141, 163, 208. [A.d.Ü.]

wartung des Arbeiters ist gering, ebenso gering das Alter, in dem seine Kinder dazu gezwungen werden, in die Bergwerksschächte hinabzusteigen, um dort ihre Kindheit und sehr schnell auch ihr Leben zu lassen. Aber trotz allem, sofort nach dieser und vielen anderen Beschreibungen, die aus der Feder von Dante oder eher noch von Dickens zu stammen scheinen, beharrt Marx nicht weniger auf dem, was diese beiden feindlichen Klassen *verbindet*, nämlich das Unwissen, die *Unbewußtheit* über die Wahrheit ihrer Beziehungen. Der »Paternalismus« des Eigentümers der Produktionsmittel verleiht diesem die Überzeugung, sich als Wohltäter gegenüber den Arbeitern zu verhalten, denen er dank dem Besitz von Kapital und der Fähigkeiten, mit denen ihn die Natur ausgestattet hat, die Mittel für ein insgesamt recht anständiges Dasein verschafft. Der Arbeiter, der sich seiner Ausbeutung nicht bewußt ist, übernimmt die karitative Ideologie, die die herrschende Klasse, unterstützt durch alle Überzeugungsmittel, welche ihr die Kultur, die sie ins Leben gerufen hat und beherrscht, zur Verfügung stellt. Es gelingt ihr, daß diese Ideologie von denen übernommen wird, die die berühmten Ketten tragen. Eben das muß Marx öffentlich verkünden, damit die Proletarier durch die verletzende Schärfe dieser *Interpretationen* der Gesellschaft, die sie am Leben hält, sich dessen bewußt werden, damit sie sich vereinigen, um diese Revolution anzustreben und durchzuführen, so daß sie jene Menschenwürde wiedererlangen, die ein gnadenloses System – das sich aber ebensowenig darüber bewußt ist, daß es ein solches ist, wie diejenigen, die dafür leben, daß sie es in Gang halten – ihnen genommen hat. Marx ist das Opfer einer Betrachtungsweise der Gesellschaft, die ihn dazu bringt, sie so zu beschreiben, als ob er sie von einem idealen Ort aus betrachten könnte, der es ihm erlaubt, sie souverän zu überschauen wie auf einem Vermessungsplan, der von allen Seiten gleichmäßig Einsicht gewährt. Der außergewöhnliche Erfolg, den der Marxismus – der unüberschreitbare Horizont unserer Zeit, wie Sartre sagte – in diesem Jahrhundert hatte, verdankt sich der speziellen Darstellungsweise, die Marx beim Studium von Gesellschaften anwendet. *Aus dem Sublunarischen macht er Himmlisches.*

Solange man sich darauf beschränkt, oder solange die geschichtlichen Bedingungen einem diese Grenzen aufzwingen, das heißt, solange Marx die ökonomisch-philosphische Kritik des kapitalistischen Systems vor die politische Aktion stellt, bleibt der Irrtum unbemerkt. Aber wenn er andere als theoretische Lösungen vorschlägt, wenn er behauptet, daß das Gespenst des Kommunismus in Europa umgehe, daß im nächsten Jahr – 1849, aber das war nicht das einzige Mal, zehn Jahre später kündigte er es erneut an – die Revolution auf der Tagesordnung steht. Mit einer solchen Neo-Wissenschaft der Gesellschaft erreicht die Theorie von Marx ihre Schwelle der Inkompetenz. Während überall die Reaktion auf dem Vormarsch ist, bleibt die Bewunderung des Systems, das zwischen dem *British Museum*, wo er bis zur Erschöpfung arbeitet, und seiner elenden Kammer, in der er weitermacht, entworfen wurde, der flüchtige Horizont der Arbeiterkämpfe. Die »wissenschaftliche Theorie« der Geschichte strahlt die Magie von Träumen aus, für die zum Beispiel die Commune den Preis zu zahlen hatte.

Während die Listen der Geschichte oder auch ihr schwarzer Humor dafür sorgten, daß die erste proletarische Revolution nicht im industrialisierten England ausbrach, das über eine organisierte Arbeiterklasse verfügte, die sich bereits ihrer Kraft und ihrer Ausbeutung bewußt war, sondern im noch landwirtschaftlichen Rußland, (dessen industrielle Strukturen in den Kinderschuhen steckten, wo aber die Schüler von Marx trotzdem diese Rezepte anwenden wollten), so wollte Lenin einen strengen, überirdischen Marxismus mit einer zahlenmäßig schwachen Arbeiterklasse durchsetzen, die zum größten Teil nicht organisiert war und nichts von der Rolle wußte, die die

Geschichte ihr zuschrieb, wo sich die Bauernschaft kurz zuvor noch in Knechtschaft befand, und wo die Oktoberrevolution durch das Wunder der Koalition der Westländer und der weißen Generäle gerettet wurde. Hier explodierten die wirklichen Probleme, die sich aus der Gleichsetzung der marxistischen Theorie und einer politischen Praxis ergaben, direkt vor der Nase der Revolutionsführer. So scheiterte Lenins NEP aus Gründen, die man hätte vorhersehen können, aber da nach der üblichen Regel in der Geschichte die Voraussicht immer rückschauend ist, hat man das erst siebzig Jahre später bemerkt. Dieser Zeitraum wurde von Stalin besetzt. Die *Entkulakisierung* der dreißiger Jahre hat die sowjetische Landwirtschaft bis hin zur Kornkammer Europas, die die Ukraine einst war, ruiniert. Die Ergebnisse liegen heute vor unseren Augen. Die Perestroika ist die ferne Folge der fröhlichen Voraussagen von Marx, die von Engels sogar noch überboten worden waren. Letzterer behauptete, daß die von Marx *entdeckten* Gesetze die gleiche strenge Geltung in den Gesellschaftswissenschaften hätten, wie die von Kepler oder Newton in der Physik. Bereits seit den ersten Revolutionsjahren konnte man eine zaghafte Rückkehr zu Formen der individuellen Ausbeutung beobachten. Die NEP ließ das wenige an Marxscher Klarheit in einen trüben Bach aufgehen, der den Niedergang des Wirtschaftssystems unentzifferbar macht. Dies erweist sich für den schärfsten Blick an den ersten linkischen oder blinden Versuchen, die auf einen Gleichgewichtspunkt zielen, der zumindest das politische System in Gang halten soll, bis bessere Zeiten kommen.

Während man auf die Illusion einer Ansteckung des Westens durch den revolutionären Messianismus verzichten mußte – dieser große Hoffnungsschimmer im Osten –, bereiteten die Ermordung von Karl Liebknecht und Rosa Luxemburg in Deutschland, die Inflation, das Elend und die Demütigung eher dem Faschismus als der proletarischen Revolution das Lager; Lenin ist tot, Trotzki verbannt, die »Kulaken« sind ermordet oder deportiert, und Rußland ist nicht mehr in der Lage, für seine eigenen Bedürfnisse zu sorgen – bei all dem hat sich der Traum von Marx in Luft aufgelöst.

Anstelle eines Regimes, mit dem das Proletariat, zumindest vorübergehend, seine Diktatur errichtet, um die von Marx gesetzten politischen und ökonomischen Ziele zu erreichen, erkennt man die Errichtung einer Diktatur des Apparates, der es den Arbeitern verbietet, ihren Arbeitsplatz zu verlassen. Falsche Stachanowarbeiter verrichten angeblich die Arbeit von mehreren »bürgerlichen« Arbeitern. Solche angeblichen Heldentaten, die in der ganzen Welt mit allen Propagandamitteln verbreitet wurden, steigerten die Mehrarbeit der Bergleute noch durch den Wettbewerb, zu dem diese sich verpflichteten.

Trotzki wird ins Exil nach Prinkipo geschickt. Man lastet ihm alle möglichen Verbrechen an, wirft ihm absurde Verrate vor und macht den Hitler-Trotzkisten den Prozeß – die »schlüpfrigen Vipern« des Prokurators der UdSSR gehen ans Werk. Die Hauptführer der Revolution werden ermordet und es kommt zu massiven Deportationen in die Lager Sibiriens.

Der stalinistische Terror ist jedoch nicht der Wahn eines kranken Despoten. Nicht Stalin – laut Trotzki »der beschränkteste Geist der Partei« – verdirbt die jungfräuliche Reinheit der Revolution, sondern diese selbst erzeugt das terroristische Cäsarentum Stalins.

Lenin dagegen war der unantastbare Genius der Revolution, der mit dem Kompaß der marxistischen Wissenschaft ausgestattet war, und wenn die Fakten der Theorie widersprechen, so haben eben die Fakten unrecht.[33] In kurzer Zeit hat diese Therapie eine der beiden großen Militärmächte in ein Entwicklungsland verwandelt, das zwar die notwendigen

---

33 Als Freud behauptete, daß gemachte Erfahrungen vererbt werden könnten, und der aufgeschreckte Jonas ihm mitteilte, daß kein Biologe diese Idee unterstützen würde – und seitdem erst recht nicht –, antwortete Freud großspurig: »Nun, sie haben unrecht«.

Kenntnisse zur erfolgreichen Eroberung des Himmels und alle möglichen Waffen zu massiver Zerstörung hat, aber keinerlei Mittel zur Ernährung jenes Volkes, das dem Papier nach die demokratischste Verfassung besitzt, unterzeichnet von Stalin, der dennoch der Alleinherrscher des Landes bleibt.

Wirklich tragisch im Fall der Sowjetunion und ihrer Satellitenstaaten ist, daß sie in eine Situation geraten sind, in der die wirtschaftliche Organisation es ihnen nur erlaubt, die strukturelle Mangelwirtschaft zu verlassen, indem sie eine Revolution der Produktionsverhältnisse herbeiführen, die sie zu Formen der Marktwirtschaft zurückführen würde, welche, aus der Sicht des ABC des Marxismus-Leninismus, ihre eigene Negation und den Sieg dessen bedeuten würde, was in derselben Sprache nur als »Konterrevolution« bezeichnet werden kann.[34]

Das Scheitern der großen Ideen, gefolgt vom Terror, der in ihrem Schlagschatten steht, taucht in der Geschichte jedesmal dann auf, wenn die Regierungen mit der gesellschaftlichen Organisation so umgehen, wie der Astronom mit den Galaxien am Himmel. Urbain le Verrier weiß, daß es seinen Planeten gibt, und auch, daß er zu einem bestimmten Zeitpunkt sichtbar sein wird, und zwar ganz gewiß. Die doktrinären Regierungen (ver-)*ordnen*, gestützt auf ihre Ideologie, das Verhalten jener gesellschaftlichen Atome, die die Menschen sind, immer im Sinne ihrer Interessen. Daß die Menschen von dieser Rationalität abweichen, ohne zu begreifen, daß sie auf ihr Wohl gerichtet ist, kann nur die Folge eines Irrtums sein. Gewalt wird zu einer zwar bedauerlichen, aber notwendigen Therapie.

All diese Überzeugungen von Marx, die bereits seit seiner Jugend da sind, als er sich vor allem gegen Hegel wendet, sollten ihn dazu führen, im Wert einer Ware ihren wahren Wertmaßstab zu sehen, und zwar nicht in jener *Idealität*, die er

---

34 Diese Seiten wurden Ostern 1989 geschrieben.

denen vorwirft, die das bereits vor ihm gesehen hatten, sondern in der *realen* Maßeinheit, die in der zu ihrer Produktion notwendigen Quantität an Arbeit besteht. Man sieht, wohin Marx damit gelangen wollte und wie seine Ideologie, bereits bevor er die ersten Zeilen des *Kapitals* entworfen hatte (»schickt mir«, drängt er all seine Freunde und Korrespondenten, »jegliches antibourgeoise und anti-kapitalistische Material«), durch eine Art von *vis a tergo* jenen Stern an den Himmel der kapitalistischen Ökonomie gesetzt hat, im Verhältnis zu dem er alle Warenwerte bewerten sollte. Man sieht den Kontrast, den der politische Kämpfer, aber auch der lyrische Dichter oft deutlich hervorhebt: als einziger, der Reichtümer schafft, der ihren Genuß nicht kennt und der unter der Ausbeutung leidet, ist der Arbeiter das Opfer des permanenten Raubes seiner Arbeitskraft. Er wird nur nach dem bezahlt, was er benötigt, um seine Arbeitskraft aufzufrischen und um weiterproduzieren zu können – buchstäblich, im zynischsten Sinne, der Arbeiter *muß leben*, aber zum angemessensten – unangemessensten – Preis.

Das Argument, nach dem der theoretische Gehalt von Marx durch das Scheitern des sowjetischen Experiments und darüber hinaus durch das der »Volksdemokratien«, in denen es jenen Expansionskreis fand, den Lenin für lebenswichtig hielt, nicht geschwächt worden sei, ist unhaltbar. Weder der »Stalinismus« noch Stalins Persönlichkeit können erklären, was danach geschehen ist. Marx war davon überzeugt, daß die Diktatur des Proletariats das entscheidende Moment im revolutionären Prozeß sein müßte. Lenin hat diese Lektion befolgt. Man kann sich immer doppelt etwas vormachen: was wäre aus dem sowjetischen Experiment geworden, *wenn* Lenin nicht so früh gestorben wäre, *wenn* Trotzki seine Trümpfe besser ausgespielt hätte. Aber Trotzki hatte keine Karten, und wenn er welche gehabt hätte, wenn er den Parteiapparat geschickter manipuliert hätte, hätte das wahrscheinlich auch nichts geändert. Man braucht sich nur daran erinnern, wie er den Aufstand der Matrosen von Kronstadt niedergeschlagen hat – da ist man von *Potemkinschen Dörfern* weit entfernt –, oder man denke an seine Vorschläge zur Militarisierung der Arbeiterklasse angesichts der wirtschaftlichen Probleme nach dem Bürgerkrieg. Nichts weist darauf hin, daß der Ablauf der Ereignisse und das politische und ökonomische Scheitern der sowjetischen Gesellschaft nicht den Punkt erreicht hätte, mit dem sie sich an diesem 20. Juli 1989, an dem diese Zeilen geschrieben werden, herumzuschlagen hat.

Die Utopie von Marx – denn es ist eine, sie unterscheidet sich nur radikal von den vorherigen – besteht in jener entscheidenden Veränderung, die bewirkt, daß sie aktiv eingreift. Sie zeigt, wie sich das Proletariat der Marxschen Utopie annähern könnte. Die Utopie, die Marx kritisiert und verwirft, dieser Glaube an einen unvorhersehbaren Fortschritt der Vernunft, dieser ideelle Marsch in eine künftige Gesellschaft, der ebensoviel Verwirklichungschancen hatte, wie die Carabinieri bei Offenbach, die singen: laßt uns marschieren, laßt uns marschieren, an Ort und Stelle marschieren wir, um irgendwo anzukommen.

Daß man die sozialistischen Gesellschaften und die psychoanalytischen Gesellschaften nur *cum grano salis* miteinander vergleichen kann, ist nur allzu offensichtlich. Übrig bleibt, daß diese Gesellschaften sich heute fast jeden Tag ihres Scheiterns und auch der Mittel – die sicherlich schwierig sind, und auf ungewissen Wegen liegen – bewußter werden, um sie zunächst einmal zur Kenntnis zu nehmen und sie dann zu lösen. Der Hauptunterschied liegt darin, daß diese Völker, die ihnen unterworfen werden, leiden, und daß dieses Leiden sich verschärft und bereits den Eisernen Vorhang durchdrungen hat, der es für Jahrzehnte unhörbar gemacht hatte. Das Psychoanalytikervolk leidet dagegen nicht. Zumindest noch nicht, auch wenn immer mehr Stimmen lauthals ihr Leid klagen.

Es ist Zeit für *Glasnost* und *Perestroika* im Bereich der Psychoanalyse, und es gibt auch schon hier und da die ersten Ansätze dazu, die allerdings nur schwer zu erkennen sind. Es ist Zeit, daß die Psychoanalytiker sich an weniger obsidianhafte Denkweisen gewöhnen, daß sie aufhören, sich von Feinden umgeben zu sehen, die erbittert auf ihr Ende aus sind, und es ist Zeit, daß sie beginnen, nicht mehr in jeder Kritik verlogene Formen eines quasi weltweiten »Widerstands« gegen ihre Entdeckungen sehen.

Die Vertreter von benachbarten Disziplinen haben das Recht, uns Fragen zu stellen, uns nach den Grundlagen unserer Behauptungen zu befragen, und soweit das möglich ist, Beweise zu verlangen. Und sie haben das Recht, uns abzuverlangen, daß wir, die wir unsere Fähigkeit zwangsläufig in diese trockenen, unwirtlichen Regionen ausdehnen müssen, diesbezüglich klar und deutlich sagen, daß hier unsere Möglichkeiten der Beweisführung enden. Niemand wird uns das übelnehmen, wir sind nicht als einzige in dieser Lage, obwohl alle Welt uns – zu Recht – vorwirft, daß wir keine Wissenschaft betreiben und uns in Grauzonen bewegen.

Das gegenwärtige Abbröckeln der psychoanalytischen Institutionen und ihr Zerfall in manchmal nur unterschiedliche und manchmal entgegengesetzte Richtungen – das psychoanalytische Gegenstück zum Pluralismus, den die Gesellschaften im Osten für sich in Anspruch nehmen – belegen, ebenso wie die wechselhafte Geschichte der politischen Gesellschaften, das Scheitern Freuds und derer, die eine *Psychoanalytische Internationale* gründen wollen, damit die Psychoanalyse nur noch mit einer Stimme spricht. Ein utopisches Vorhaben, denn die Stimme ist plural.

Das universelle
Austauschmittel

Der Hamster hat sich Backen zugelegt, in denen er Vorräte für Zeiten des Mangels aufhebt. Das Eichhörnchen bildet Häufchen, die Ameise ist fleißig und sparsam, alle akkumulieren, um sich auf mögliche Notzeiten vorzubereiten. Alle verhalten sich vernünftig. Nur der Mensch ist das viel weniger. Wenn er akkumuliert wie eine Ameise, dann nur, um zu verschwenden wie die Zikade.

Als er sich vom Zweig der Hominiden löste, war er seinem Ursprung nach zu nah, um anders als zuvor zu handeln. Wenn er nach dem Gesetz des Überlebens zu töten begonnen hatte, so begann er bald auch um des Vergnügens willen zu jagen; er akkumulierte weniger, um dem wechselnden Jagdglück vorzubeugen, sondern um der beste Jäger zu sein, der reichste Besitzer dessen, was sich vom getöteten Tier aufheben ließ. Bald sollte er seine Besitztümer vergrößern, ohne auf die Objekte selber zurückzugreifen, sondern auf ihre unvergänglichen Abbilder, die auf die Wände der Höhlen von Lascaux oder Altamira gezeichnet wurden.

Die Akkumulation von Gütern – die zweifellos für eine nicht allzu große Horde immer dieselben waren – genügte nicht mehr. Baudelaire sagte, Langeweile entsteht durch Eintönigkeit. Der Urvater von Freud hatte nicht Baudelaire gelesen, und das ist nicht verwunderlich, denn diese Unkenntnis hätte ihn das Leben gekostet, aber geschichtlich ist diese Erfahrung nicht verloren gegangen. Der wirkliche Reichtum liegt nicht in jener Autarkie, die eifersüchtig ihre Nachkommenschaft hütet, sondern im Tausch.

Eine erste Tauschform, die den Tausch in seiner noch barbarischen Gewalt ankündigt, ist der Frauenraub, der auch ein erster Schritt in Richtung Vergesellschaftlichung ist. Der Mensch ist ein Tier, das nicht allein leben kann. Ein *Geselligkeits*-Trieb treibt ihn zur Vergrößerung seines Lebensbereiches an, zur Eroberung eines relativ lebenswichtigen *Beziehungs-Raumes*.

In der Gewalt des Raubes entwickelt sich zugleich mit dem Wunsch, die Dimensionen der Gemeinschaft zu vergrößern, die Begierde nach der Begierde des anderen, wie Hegel sie beschrieben hat. Im begrenzten Raum der Familienzelle verringert die Gewohnheit, die durch den täglichen Kontakt zustandekommt, die Kraft des Begehrens, während die des Räubers in dem Maße ansteigt, wie er glaubt, einen doppelten Schlag landen zu können: sich der Frauen zu bemächtigen und der Begierde, die der Besitzer ihnen gegenüber empfindet.

Nachdem die Horde sich in Kleineinheiten von zahlenmäßig begrenzten Gemeinschaften konstituiert hatte, hat man sehr schnell begriffen, daß der Reichtum zunahm und das er eine andere Dimension gewinne würde, wenn man dazu überging, nicht nur Gegenstände, sondern auch die eigene Nachkommenschaft auszutauschen. Die wirtschaftliche Autarkie verdammt zu einer eingeschränkten Ökonomie, zu einer monotonen Mangelwirtschaft. Die Exogamie, der Frauen- und auch der Männertausch, vervielfacht die Bindungen, beschleunigt die Annäherungen und trägt dazu bei, von kleinen und feindseligen Horden, die sich untereinander bekämpfen, zu gesellschaftlichen Einheiten überzugehen, die die Keimzellen von großen und komplexen Gesellschaften bilden.

Eine Gesellschaft mit allgemeinen Tauschbeziehungen ist

bereits eine Handelsgesellschaft, in der es deutlich ungleiche Werte gibt, die die Grundformen eines Marktes bilden, auf dem alles getauscht werden kann und für den alles mit festen Werten versehen werden muß, damit es getauscht werden kann.

Von der Kuh und vom Büffel, von bemalten und bearbeiteten Muschelschalen als Tauscheinheiten, die in abgelegenen Gegenden noch heute in Gebrauch sind, ist man zu in verschiedenen Metallen geschlagenen Münzen übergegangen, dann zum Papier, bei dem der darauf eingetragene Wert nur durch die Unterschrift des Ausstellers garantiert war. Heute sind wir beim *plastic money* angekommen, dessen Aufschrift nicht nur das Material beschreibt, aus dem die rechteckige Kreditkarte herausgeschnitten wurde, sondern auch noch die wesentliche Eigenschaft ihrer unendlichen *Plastizität*, das heißt, ihre Möglichkeit in einfachster Form als universeller *Joker* zu dienen, als absoluter Konverter, dessen Konversionskraft nur durch den Stand des Kontos bei der Bank des Ausstellers begrenzt wird.

Es ist eine seltsame Eigenart des Geldes, daß es völlig immateriell ist und gerade wegen dieser Immaterialität das universelle Konversionsmittel aller materiellen Werte sein kann.

Man hat beobachtet, daß noch »wilde« Gegenden, in denen das Geld unbekannt ist und der Austausch über den Tauschhandel abgewickelt wird, sobald sie in Kontakt mit Regionen kommen, die Geld, also die Einheit für den Tauschhandel benutzen, den Wert der monetären Einheit dieser Gegend übernehmen, in der sie in Kurs ist, um in den Tauschkreislauf einzutreten.

Man kann somit feststellen, daß das monetäre Zeichen und das sprachliche Zeichen weit mehr gemeinsam haben als die Identität ihrer Signifikanten. Mit einer Seite gehört das sprachliche Zeichen durch feine Bindungen tatsächlich noch zur Materialität der Sender auf seiten des Sprechers, und zwar durch die phonetische Welle, die sich in dem Bereich ausbreitet, der ihn vom Gesprächspartner trennt, dessen Hörorgane diese Töne auf seiten des Gesprächspartners in Signifikanten umwandeln. Durch seine semantische Seite verweist das Zeichen auf einen reinen Begriff, auf ein Signifikat, das auf kein reales Objekt in der Welt bezogen ist.

Die Analogie zwischen diesen beiden Arten von Zeichen ist erstaunlich und überraschend. Das monetäre Zeichen hat selber eine signifizierende Seite, durch die es seine Zahlungseinheit bezeichnet, und eine signifizierte Seite, die nicht auf ein reales Objekt verweist, sondern auf einen reinen Warenbegriff von entsprechendem Wert.

Der monetäre Signifikant kann einen Wert an sich haben, der durch seine Materialität bestimmt ist. So ist es zum Beispiel mit Muscheln, Kupfer, Silber und Gold, aber es kann sich auch nur um ein Stück Papier handeln, dessen Wert je nach seiner Aufschrift variiert. Der monetäre Signifikant kann sich aber auch so weit von seinem Träger lösen, daß er an die Grenzen des Wahrnehmbaren stößt. Das Papier eines Schecks, die Tinte eines Schriftzugs oder eine Kreditkarte haben nur noch so viel Materialität wie der klangliche Aspekt des sprachlichen Signifikanten.

Die Summe X, die auf dem Papier eines Schecks steht, der ein monetärer Signifikant ist, verweist ebensowenig auf ein spezifisches Objekt, wie der Signifikant *Apfel* auf einen realen Apfel, sondern nur auf seinen reinen Begriff verweist.

Mehr noch: das sprachliche Zeichen ist zwar willkürlich, aber wenn es einmal eine Verbindung zwischen seinen beiden Seiten gegeben hat, werden diese beiden ebenso untrennbar, wie die beiden Seiten eines Geldstücks, mit dem das sprachliche Zeichen oft verglichen wird. Mit dem Zeichen *Apfel*, das ausgesprochen oder auf ein Stück Papier geschrieben wird, kann ich mir, wenn ich um etwas bitte, nur das verschaffen, was der Signifikant bezeichnet – aber niemals eine Birne. Das monetäre Zeichen ist freier und immaterieller. Sein signifizierter Aspekt verweist nicht auf *eine* Sache, sondern auf *alle* Dinge, deren Marktwert der aufgedruckten Zahl entspricht.

Hier kann man am besten die reine Begrifflichkeit des monetären Zeichens begreifen. Es repräsentiert jenen zentralen Punkt von metaphysischer Bedeutung, an dem sich die Materialität des Signifikanten enthüllt, und zwar eine Materialität, die selbst flüchtig ist, also *entmaterialisiert*, wie man bei der Notierung von fallenden Börsenkursen sagt, eine nahezu symbolische Referenz, die auf die elektronisch verarbeitete Gesamtheit aller Werte verweist.

Wenn das Signifikat des monetären Zeichens auf alle käuflichen Werte verweist, die der Markt anbietet, und auf keines im besonderen, und wenn es zum reinen Wertbegriff geworden ist, dann wird deutlich, daß der monetäre Signifikant eine geschichtliche Entwicklung durchgemacht hat, die auch – allerdings ohne dies vollkommen zu erreichen – dahin tendiert, sich nur noch auf Träger zu stützen, deren Materialität unaufhörlich zusammenschrumpft. Dieser Extrempunkt, an dem die monetären Zeichen diese Metamorphosen ihrer materiellen Ausdrucksformen erfahren, ist nur eine Etappe unter vielen. Demnächst mag der Erfindungsgeist der Kreditinstitute auf diesem Weg in Richtung einer Trennung von monetärem Signifikant und Signifikat noch viel weiter gehen. Man kann sich vorstellen, daß im Zeitalter der Informatik der Zeitpunkt nicht mehr fern ist, wo es genügt, seinen Fingerabdruck auf einen Träger zu drücken oder seinen Namen auszusprechen, damit die elektronische Identifikation die Kreditfähigkeit des Käufers belegt und die Konten belastet. Dabei zeigt sich, daß der Prozeß der Entmaterialisierung eine Grenze hat: die eines *realen* Habens, selbst wenn es sich nur um eine elektronische Aufzeichnung im Speicher eines Computers handelt. In etwa so, wie man am Ende einer musikalischen Partitur nicht mehr weiß, ob die vom Orchester ausgesandten Klangwellen aufgehört haben, sich im Klangraum auszubreiten, oder ob nur noch die remanenten Bilder die Illusion verlängern. An den Grenzen, an denen die Klangfrequenz sinkt und immer mehr verlischt, ergeben sich Zwischenräume der Ungewißheit, in denen man in das *no man's land* an den Grenzen zwischen Materiellem und Begrifflichem eintritt.

Für Hegel war die Logik das Geld des Geistes, womit er die »logische« Begrifflichkeit des Geldes deutlich machte. Dieser Satz verweist auf eine andere Formulierung Hegels, die die Verwandtschaft von Sprachlogiken und Geld hervorhebt: *die Sprache ist der Leib des Denkens.* Die erste Formulierung Hegels läßt sich umkehren: das Geld ist die Logik der Materie. *Das Geld ist der (signifizierende) Körper aller (signifizierten) Begriffe für vorhandene Dinge.*

WERTE OHNE PREIS

Auch wenn das Geld das universelle Austauschmittel ist, wenn es die Fähigkeit hat, alle auf dem Markt vorhandenen Waren zu konvertieren und sich anzueignen, so kann es doch nicht wirklich alle Werte kaufen. Und zwar aus dem entscheidenden Grund, daß sie nicht etwa *unbezahlbar* wären, sondern weil sie jenseits des Preises sind. Zweifellos gibt es nicht viele von diesen Werten – Zyniker behaupten sogar, es gäbe gar keine.

Geld ist wie Wasser. Letzteres hat keine Form, deshalb kann es sich um so besser den Formen aller Aufnahmegefäße anpassen, die es enthalten. Geld ist eine reine Abstraktion, die die Form aller möglichen konkreten Dinge annehmen kann.

Daher kann das Geld zwar korrumpieren, das heißt, ein Gewissen kaufen, aber es macht das Gewissen nicht käuflich, so groß die Menge der Güter auch sein mag, zu dem dieser Kauf verhelfen kann; und weil es zum Mittel für diese Anschaffungen geworden ist, wird es selber zu einer *Sache*. Das Gewissen hat den Bereich der ethischen Werte, die keinen Preis haben, verlassen, um sich in einen Gebrauchsgegenstand zu verwandeln.

Man stelle sich das Trugbild eines Psychoanalytikers vor, der sich für den einzigen Wissenden hielte, dem es aber nicht an jenem knabenhaften und ehrenhaften Anstand fehlt, der vorsieht, daß man sich nicht selbst zum Wissenden erklärt. Deshalb würde er ein paar Trümpfe aus der Hand geben (was höchstens seine bedingungslosen Anhänger täuschen würde) und Freud das zugestehen, was ihm zukommt, um besser davon zu überzeugen, daß er selbst als einziger würdig ist, Freuds Erbe anzutreten.

Es ist offensichtlich, daß – nach dem Beispiel von Freud selbst – der Preis für psychoanalytische Sitzungen die Tendenz hat, auf dem Markt sprunghaft anzusteigen, ohne jemals jene rote Linie zu übersteigen, die bewirkt, daß bei einer gewissen Inflation, während der die Lebenshaltungskosten auf dem allgemeinen Markt unverändert bleiben, der Markt für diese Chimäre implodiert. Offensichtlich hat selbst das Einzigartige Vermarktungsgrenzen. Wie man sich erinnert, hatte auch Freud dieses Problem. In den 30er Jahren wurde es teuer, und er mußte genau rechnen. Glücklicherweise half ihm seine Tochter Anna, deren arithmetische Begabung er lobte, um eine unangenehme Frage nach Sitzungen, Patienten und Honoraren aus der Welt zu schaffen.

Wie hoch auch immer Freud oder die Chimäre sich einschätzt, sie können dem Markt und seinen Gesetzen nicht entkommen. Es ist richtig, daß die Seltenheit – Freud und die Chimäre waren in den Städten und in unterschiedlichen Epochen einmalig – den Preis steigert, aber das ist ein zirkulärer Satz: er läßt sich umkehren. Der Preis erhöht seinerseits die Seltenheit von potentiellen Käufern, und das Gleichgewicht des Marktes wird unaufhörlich korrigiert. Wir befinden uns immer noch in der Welt von Waren, die ausgetauscht werden.

Es gibt – auch wenn man das bezweifelt hat – eine Logik der Begegnung von Analytiker und Analysand. Jeder verfügt über einen Wert, den der andere begehrt, und der Austausch vollzieht sich an einem Punkt des Gleichgewichts dieser beiden Werte, das im großen und ganzen von den Gesetzen des Psychoanalysemarktes an einem bestimmten Ort und zu einer bestimmten Zeit hergestellt wird. Der Preis für die Sitzung eines Psychoanalytikers ist abhängig von dem Wert, den der Käufer ihr beimißt. Dieser Wert ändert sich wie der aller Waren, die auf einem freien Markt angeboten werden, entweder nach den Qualitäten, die annäherungsweise objektivierbar sind (Arbeiten, die von der Gemeinschaft der Psychoanalytiker anerkannt werden etc.), oder durch die spezielle Fähigkeit, seinen Namen in die Medien zu bringen und sein Bild zu verbreiten.

Wir befinden uns nun allerdings in einer menschlichen Welt, in der das Begehren das reine *quantum* der Ware übersteigen kann. Selbst bei einer scheinbar kalten und gleichgültigen Transaktion treffen zwei Begierden aufeinander, und wenn der Tausch vollzogen ist, hat jede ihr Ziel erreicht. Drei Murmeln gegen eine Briefmarke, das ist ein gerechter Tausch, weil ein Dritter, der ihn beurteilt, das so sagt, aber jeder der Eigentümer macht einen zusätzlichen affektiven Gewinn, der nur durch die Subjektivität der beiden Tauschpartner bewertet werden kann. Gewiß, es gibt eine Arithmetik des Tausches, aber es gibt auch eine andere Dimension, die über den zahlenmäßigen Ausgleich hinausgeht. Was ich dem Arzt bezahle, ist der Preis für seine Mühe. Was er mir dafür gibt, hat keinen Preis. Die Marktgesetze sind eingehalten worden, aber mein Gewinn ist unendlich.

Das Gemälde, das Elie Magnus so gern haben möchte, ist auch das Objekt der Begierde von Pons, was dazu führt, daß Magnus es nur durch das Verbrechen der schrecklichen Cibot bekommen kann.[35] Da dieses fehlschlägt, gerät das Gemälde an einen unzugänglichen Ort, von dem es nicht wegbewegt werden kann. Das begehrende Subjekt und das begehrte Objekt befinden sich also in zwei völlig voneinander getrennten Räumen. Die Weigerung von Pons wird zu einem *Objekt*

35 Romanfiguren von Balzac in *Vetter Pons*.

der Außenwelt, in die Elie Magnus nur noch durch den Einbruch der Cibot eindringen kann.

Die Sammlung von Pons ist durch den Willen ihres Eigentümers und auf seinen Wunsch hin zu einem zugleich ästhetischen und ethischen Wert geworden, was zur Folge hat, daß sie den allgemeinen Ort austauschbarer Werte verläßt, um zu einem *idealen Topos* zu werden, der keinen Preis mehr hat.

So hat das Armband, das mir meine Großmutter bei meiner Geburt geschenkt hat und in das mein Vorname eingraviert ist, für mich einen symbolischen Wert, der in keinem Verhältnis zum Warenwert steht, der mein Nachbar ihm beimißt, auch wenn er ihn etwas erhöht, weil er den gleichen Vornamen hat.

»Die Seele« kann nicht gleichgültig, unbeteiligt oder uneigennützig sein, sie kann mit einer solchen Bestimmung nichts begreifen, weil sie ein unendliches Bild der Welt ist, die sie sich aneignet, die sie verändert und in der sie sich in der Reziprozität verändert. Allein der Spiegel reflektiert das *analogon* der Welt, weil er völlig passiv ist. Ein Spiegel schafft keinen Wert, er reflektiert ihn so, wie im monetären Zeichen alle äquivalenten Werte reflektiert werden, ohne daß es auch nur einen einzigen erzeugen könnte. *Nur die Seele erzeugt Werte.*

So objektbezogen oder objekthaft das Objekt auch immer sein mag, es steht nicht wirklich außerhalb von mir – man braucht nur mit denen zu beginnen, die mir das Geschenk gemacht haben, mich auf die Welt zu bringen. Zu Anfang ist mein Spielzeug eine Verlängerung meines Mundes, meiner Arme oder Beine. So, wie die Schmusedecke von Linus,[36] ohne die er nicht einschlafen kann, also wie dieser Gegenstand, der ebenso notwendig – oder gar notwendiger – geworden ist, wie der Brei, wenn schon nicht *für* ihn, dann *in* ihm.

So ist ein Pferd auf dem Markt von Perche nicht den Preis

---

36 Ein Freund des unsterblichen Charlie Brown in den *Peanuts* von George Schultz.

wert, den das verzweifelte Gejammer des geschlagenen Richard III. bietet.

Das Geld ist der höchste Punkt der Wertepyramide. Der Wert in seiner Absolutheit, sein reinstes, sein symbolisches Wesen. Das Geld kann viel kaufen, *fast* alles. Aber es kann sich nicht des ganzes Feldes der Werte bemächtigen. Es scheitert – und gerade sein Scheitern zeigt die Transzendenz – beim Erwerb der höchsten Werte.

Das Geld ist kein Wert – zumindest in den abstrakten und symbolischen Formen, die wir ihm in unseren Gesellschaften beimessen. Es ist vielmehr der Spiegel, in dem sich alle Werte widerspiegeln.

Nach den Begriffen Spinozas, schreibt Simmel,[37] steht das Geld auf der Seite des Denkens und die Werte auf der Seite der Ausdehnung. Beide sind in ihre Sphäre eingeschlossen, sie können sie nur gegenseitig beeinflussen, weil beide für sich, in ihrer eigenen Sprache, das ganze Universum ausdrücken. Es gibt ein *quantum* an Wert, das sich mal in Form von auf der Welt vorhandenen Werten ausdrückt und mal in ihrer monetärer Form.

Eine Definition des absoluten Wertes, der nicht vermarktet werden kann, müßte hervorheben, daß er etwas ist, *was nicht mit Hilfe von monetären Zeichen erworben werden kann.*

Es ist nicht überraschend, daß in der Psychoanalyse die Liebe als höchster Wert gesetzt wird, so wie das im Roman, in der Dichtung und in allen anderen Formen der Kunst schon immer gemacht worden ist. Dieser Wert fällt, ebenso wie alle ihm verwandten Werte, aus den monetären Kreisläufen heraus und siedelt sich in einer Sphäre an, die der Kauffähigkeit des Geldes fremd ist.

Man kann bei der Suche nach einem vollkommeneren Paradigma für das, was der universellen Kaufkraft des Geldes entgeht, noch viel weiter gehen, nämlich bis zur Gottesliebe.

---

37 Georg Simmel, *Philosophie des Geldes*, Berlin [8]1987.

Diese entgeht jeder möglichen Verunreinigung. Die Anbetung des Goldenen Kalbs ist der entsprechende Gegen-Mythos. Jede Nähe bleibt unvorstellbar oder zumindest gottlos und blasphemisch. Religiöse Orden sind auf der Grundlage einer Gottesliebe gegründet worden, die das ausschließt, was sie negiert, und sie haben sich als Lebensregel die Verachtung des Geldes gegeben. Es hat *Bettelorden* gegeben – und vielleicht gibt es sie immer noch –, die die Antinomie zwischen dem Dienst an Gott und dem Besitz von Geld auf die Spitze getrieben haben. Ihre Regel bestand nicht nur darin, nichts zu besitzen, sondern es auch abzulehnen, nach Besitz zu streben. Das Betteln sollte ganz deutlich machen, daß kein Augenblick ihres Lebens der Meditation und dem Gebet entzogen werden durfte.

In der Kraft dieser Antinomie sah man die grundlegende Bedeutung der Negation bei der Konstitution einer Metaphysik des Wertes. Denn gerade, indem man die Rolle des Geldes zurückwies[38] und den höchsten Wert in der Verachtung des Geldes ansiedelte, erhob man es zu einer einzigartigen Macht, die ebenso absolut war, wie die Gottes selber. Indem man das Geld zur souveränen Metapher des Bösen machte, erhob man es in den luziferischen Rang des Rivalen Gottes.

Nehmen wir eine andere Form von höherer Liebe, die Liebe zu seinem Land. Daß prinzipiell keine noch so hohe Geldsumme diese Hingabe kaufen oder einen von ihr abbringen kann, beweist recht gut, und sei es auch nur durch den Rückgriff auf die Demonstration der Machtlosigkeit des Geldes, alle Tauschhandlungen abzudecken, daß ethische Werte seinem Zugriff entzogen sind. Durch diese Gegenüberstellung wird deutlich, daß man den absoluten Wert nur bestimmen kann, wenn man ihn nach der Anziehungskraft des Geldes bemißt.

---

38 So warf auch Nastassia Filippowna hunderttausend Rubel ins Feuer, die Lebedew mit nackten Händen wieder herausgeholt hätte, wenn er sich nicht vor dem Zorn von Nastassia Filippowna gefürchtet hätte. [Vgl. Dostojewski, *Der Idiot* (A. d. Ü.).]

Zyniker sagen gern, jeder Mensch habe seinen Preis. Ließe sich jemand nicht bestechen, so läge das daran, daß man nicht seinen richtigen Preis gefunden habe. Der »Unbestechliche«, der sich verkauft, treibt Handel mit seiner Tugend. Er lagert sie ein, hält sie in Reserve. Dieser »verfemte Teil«, den man bei Bataille findet, ist nur das Wirken von raffinierter Spekulation. Der »Unbestechliche« versachlicht das Angebot und verlangsamt seinen Zirkulationsrhythmus, um dadurch die Nachfrage zu steigern und den höchsten Preis zu erzielen. Er ist zu einem Sonderfall des allgemeinen Tauschgesetzes geworden.

Was mich interessiert, sind nicht die Handels-Tricks und -Listen, mit deren Hilfe die Händler psychologische Mehrwerte herausschlagen, die ihnen Gewinne weit über dem wirklichen Marktwert garantieren. Was allerdings der Mühe wert ist, bei der Konfrontation von metaphysischen Werten und Geld bedacht zu werden, ist der Zusammenstoß der absoluten Tugend und jenes anderen Absoluten, das das Geld ist.

Um die abstrakten Allgemeingültigkeiten zu verlassen: derjenige, dem die Geschichtsschreibung einen Beinamen verliehen hat, der paradigmatisch für die Hingabe an seine Überzeugungen sein sollte, war Robespierre, genannt der »Unbestechliche«. Von allen möglichen Beinamen, die man ihm hätte geben können, ist nur ein einziger übriggeblieben. Hätte man keinen anderen finden können, der ihn besser beschrieben hätte? Welche eklatante Demonstration für die Reinheit dieses Mannes ist doch diese Unmöglichkeit, ihn einem anderen Laster als gerade der Bestechlichkeit gegenüberzustellen? Seine unkäufliche Tugend bemaß sich nur nach der Machtlosigkeit dieses universellen Jokers, ihn auf den allgemeinen Nenner zu reduzieren. Das Geld kauft nicht alles, und da es nicht alles verschaffen kann, will es letztlich beweisen, daß alle Werte – darin eingeschlossen die höchsten – nur im Verhältnis zu ihm geeicht werden.

DER BESITZ VON DINGEN

Man berichtet, daß einst ein alter Weiser in der Nähe von Kyoto die Mönche aus der Umgegend versammelt hat, um ihnen schwierige Schriften zu erklären. Zwei Monate lang wurden täglich drei Lektionen durchgenommen. Am Ende dieser geistigen Übungen forderte der alte Weise einen der Mönche auf, die empfangene Lehre zusammenzufassen. Der Mönch antwortete: »Ich habe gelernt, daß ich mich von dem Krug trennen muß, in dem ich meine Radieschen aufbewahre.«

Weder Freud, noch Hegel oder Marx hätten dies für etwas anderes als eine ziemlich unwahrscheinliche Geschichte gehalten. Was Marx betrifft, der Hegels Dialektik für ein Tohuwabohu ohne Kopf und Schwanz hielt, so hätte er, wenn er alle Kräfte aufgeboten hätte, um wieder auf die Beine zu kommen, ebenso wie Freud nur den Rauch jenes fernöstlichen Opiums gesehen, das einerseits das Ich zum Einschlafen brachte und es seiner Eigenschaften beraubte, und andererseits das Proletariat, das einzig zum Profit des Systems sowohl des absoluten wie des relativen Mehrwerts entmannt wurde.

Diese Transzendenz, deren Sinn nur durch den Glauben an ein Jenseits gestützt wird, in dem das Göttliche sich jeglichen Besitzes entledigt, setzt eine Askese voraus, deren Preis die Ausnahme ist – die Verschmelzung von Orient und Okzident.

Die japanische Firma, die vor einiger Zeit die *Iris*-Bilder von van Gogh für die märchenhafteste Summe erworben hat, die ein Gemälde jemals erreicht hat, seitdem Bilder verkauft werden, hat die Geschichte des alten Weisen von Kyoto mit Sicherheit nicht gekannt. Und selbst wenn sie sie gekannt hätte, möchte man sein Hemd verwetten, daß sie diese bestimmt nicht gegen den Krug des Mönches zur Aufbewahrung von Radieschen getauscht hätte.

Die Juden und das Geld

Hier kann es nicht darum gehen, sich mit den geschichtlichen Schicksalsschlägen des jüdischen Volkes zu befassen. Durch die seit Jahrhunderten darüber geführten Debatten sind sie in groben Zügen allseits bekannt. Jeder kennt das Wesentliche dieser Geschichte so gut, daß die Einzelheiten hier im Lärm aufsehenerregender Siege und dort, in ungleichem Ausmaß, der Leiden untergehen.

Als unternehmenslustige und geschickte Händler im Vorderen Orient, sie waren dort allerdings nicht die einzigen, begann für die Juden mit der Eroberung durch die Römer für mehrere Jahrhunderte die große Diaspora, die sie über die ganze Welt verstreuen sollte. Die Aufnahme war je nach den Ländern, in denen sie leben mußten, verschieden, je nach ihrem Charakter, den Berufen, die sie ausübten, und je nach der Politik, die ihre Regierungen machten, und je nach den Wirtschaftssystemen, die sie errichten konnten.

Da sie mitunter gezwungen wurden, sich in den Städten aufzuhalten, oder da sie sich dort wohler fühlten, wurden sie zu Händlern, Kunsthandwerkern, Ärzten, Gelehrten und feinsinnigen Interpreten und Kommentatoren des *Gesetzes*. Sie alle, gelehrte und weniger gelehrte, maßen dem Buch große Bedeutung bei, dem Buch, das in den Jahrhunderten der Diaspora zu ihrer Einheit beitrug und das erklärte, daß ein Volk ohne Land in *einem Buch* einen Ort finden konnte, der trotz der räumlichen Entfernung der Gemeinden, trotz unterschiedlicher Sitten und Gebräuche und auch trotz unterschiedlicher Sprachen, ein Volk bildet, ihm Wurzeln gibt, die Unterschiede verwischt und ein Beispiel für einen Zusammenhalt liefert, der in der Geschichte nicht seinesgleichen hat. Die Überlegenheit der alten Hebräer lag nicht in einer, wie auch immer gearteten, überlegenen »Zivilisation«. Man muß sich ausgehungerte und umherziehende Stämme vorstellen, die über eine sandige und steinige Fläche verstreut waren und unter einer mörderischen Sonne lebten, die ihr weniges fruchtbares Land versengte – was war das schon neben dem Wunder, das der Nil den Äygptern bescherte? Wenn die Bibel eine solche Bedeutung in der Geschichte des jüdischen Volkes hatte, wenn es ihm das Überleben ermöglicht hat, dann deshalb, weil es ihm als Metonymie jenes Landes gedient hat, aus man es vertrieben hatte. Die Bibel hat ihm eine neue Heimat gegeben, die universelle Heimat der Gewißheit, daß Jahwe der einzige Gott – der Allmächtige – war.

Es ist nicht erstaunlich, daß das Gefühl der Erwähltheit eine so entscheidende Rolle bei einem Überleben gespielt hat, das nicht nur aus einem Wunder *hervorgegangen* ist, sondern ein Wunder *ist*. Das Gefühl der Überlegenheit ihres Gottes war die magische Form, die Umwandlung ihres sterblichen Wesens in den Glauben an die Unsterblichkeit ihres Volkes. Freud hatte unrecht, wenn er glaubte, daß diese Illusionen keine Zukunft hätten. Das Überleben des jüdischen Volkes beweist auch, daß es Illusionen gibt, und daß es ebenso unklug ist, den Schlafwandler in seinem unsicheren Gleichgewicht auf dem Dachfirst abzulenken, wie ihn aufzuwecken.

Es war offensichtlich, daß ein Volk, welches keines mehr war, das sich ganz und gar durch die Vergänglichkeit seiner Existenz ausdrückte, durch diese Hartnäckigkeit, seine Existenz zu bejahen und ihr dadurch einen schützenswerten

Inhalt zu geben, daß also dieses *abstrakte* Volk (dieses Volk, das nur ein *Buch* hatte, um eine Identität zu bejahen und aufrechtzuerhalten, die durch alles bedroht wurde, während, immer häufiger, die Intoleranz und die Verfolgung, gefährlicher manchmal sogar noch die Verführung zur gesellschaftlichen und religiösen Integration) zwangsläufig im Geld und im virtuosen Umgang mit ihm jenen Bereich von Tauschhandlungen finden mußte, die ihrerseits auf der Abstraktion des Geldes beruhen: *ein abstraktes Volk trifft auf ein abstraktes Wesen.* Der Donnerschlag zwischen diesen beiden Abstraktionen, die wie dafür geschaffen zu sein schienen, aufeinanderzutreffen, sollte nicht lange auf sich warten lassen.

Die Schicksalsschläge in der Geschichte dieses Volkes sind bekannt, und es ist unnütz, sie auf jener Spur zu verfolgen, auf der man, selbst wenn man beharrlich ihre Bahnen wiederfinden wollte, nur den Erfolg hätte, die Windungen, die Verknotungen und die Rückwirkungen noch etwas mehr zu verwirren.

Auch wenn die Juden zu Anfang versuchten, möglichst in der Nähe der Orte zu bleiben, von denen man sie vertrieben hatte, zögerten sie nicht, sich auf der Oberfläche der gesamten bekannten Welt zu zerstreuen – sich vor allem in Gegenden anzusiedeln, die dafür bekannt waren, sie zu tolerieren und ihnen minimale Überlebensbedingungen sichern zu können.

Da ihre Lebensbedingungen sich mit ihren geringen Überlebensbedingungen vermischten, da Grundbesitz und Bodenbearbeitung ihnen verboten war, blieben ihnen nur das Kunsthandwerk, die freien Berufe und der Geldhandel. Als Kunsthandwerker scheinen sie ein achtbares Mittelmaß nicht überschritten zu haben. Als Ärzte gewannen sie ein Ansehen, das bis heute noch andauert, aber vor allem im Umgang mit dem Geld wurden sie zu Meistern und zogen schnell Abscheu und nicht weniger Neid auf sich, wobei sich das eine durch das andere erklärt.

Staviski, Madame Hanau oder, in jüngerer Zeit, Flato-Charon waren Juden. Die Begabung für die Hochfinanz oder auch für die niedrigste Finanzwelt, die finanziellen Gaunereien repräsentieren etwas so spezifisch Jüdisches, daß sie es verdienen, daß man bei ihnen verweilt und sich einige Gedanken über sie macht.

Von konkreten Dingen, vor allem vom Boden, abgeschnitten, auf den Umgang mit Geld reduziert, sollte letzteres, so wie es in seinem Wesen liegt, mit der ersten industriellen Revolution zur Teilnahme an abstrakten Manipulationen führen. Weil die finanziellen Operationen intellektuelle Fähigkeiten verlangen, die denen vergleichbar sind, die die komplexen Strukturen der höheren Mathematik beherrschen, zeichneten die Juden sich ebenso in der Hochfinanz wie in den Wissenschaften aus.

Einstein und Rothschild sind zwei emblematische Gestalten, die einander gegenüberstehen und die miteinander verbunden sind. Sie sind die beiden komplementären Seiten des jüdisches Gesichts.

Georg Simmel[39] war der Meinung, daß man den Juden, wenn man ihnen jede Macht nehmen wollte, all ihre Rechte lassen müßte und ihnen nur das nehmen sollte, was man ihnen gelassen hat, nämlich das Geld. Man wollte ihnen alle Macht nehmen und hat ihnen das mächtigste Machtmittel gelassen. Simmel schrieb, indem er Macaulay zitierte, daß jemand, der diese Fähigkeit zur Überwindung aller Schwierigkeiten kennt, für die Emanzipation der Juden plädieren würde. Es wäre absurd, ihnen ihre politischen Rechte zu nehmen, denn wegen des Geldes, über das sie verfügten, würden sie diese in Wirklichkeit behalten. Es würde ihnen erlauben, Wählerstimmen zu kaufen, Könige einzusetzen und ihre Gläubiger zu beherrschen. *Man muß sie entweder töten und berauben oder ihnen das Geld nehmen.*

---

39 A. a. O., S. 222.

Muß man sich darüber wundern, daß in dieser Geschichte, die mit der keines anderen Volkes vergleichbar ist – was immer man von diesem Schicksal hält –, die Juden oft beraubt und oft auch getötet worden sind, ohne daß sich irgend jemand darum gekümmert hätte, ihnen die Geldgeschäfte zu verbieten. Diese hatten zwar in kleinem Maßstab begonnen – waren ebenso schäbig wie ihre ungewisse Existenz –, aber sie zögerten nicht, in das Spiel mit dem Geld die jüdische Phantasie und Abstraktionsfähigkeit einzubringen. Die Eigenschaften, die einen genialen Wissenschaftler, einen begabten Arzt oder einen erfolgreichen Forscher ausmachen, sind die gleichen, wenn auch auf einem anderen Gebiet, wie diejenigen, die die großen jüdischen Finanziers auszeichneten.

Ein jüdischer Rat lautet, niemals Geschäfte mit einem Freund oder einem Feind zu machen. In beiden Fällen besteht die Gefahr, daß die objektive Beziehung, die einzige, die dem Geld entspricht, durch affektive Interferenzen gestört wird, welche die objektive Wahrnehmung vernebeln, mit der allein Geldprobleme geregelt werden können.

Man bemerkt sogleich, daß dieser Rat aus den gleichen Gründen auch auf die Beziehungen von Analytiker und Analysand angewendet werden kann. Um die Beziehung von Übertragung und Gegenübertragung nicht durch ihre doppelte Belastung unlesbar zu machen: in Geld bewerteter Tausch und unklar gewordener affektiver Tausch.

Das Verhältnis zwischen rein objektiven Beziehungen, zwischen dem symbolischen, entmaterialisierten, abstrakten Charakter des Geldes und den Fähigkeiten des Handeltreibenden ist offenkundig. Die Verbindung zur Analität ist deutlich sichtbar. Die gemeinsamen Eigenschaften des Finanziers und des Wissenschaftlers beruhen auf folgendem: Pünktlichkeit, Beständigkeit und Beharrlichkeit. Die gleiche Überzeugtheit von der Existenz allgemeiner und abstrakter Gesetze, die mit der gleichen Vorhersehbarkeit Geldmassen auf der Suche nach den besten Investitionsmöglichkeiten und die Sterne am Himmel bewegen. Die gleiche Gabe zur intensiven Beobachtung der Natur der Handelsbeziehungen und der Psychologie jener, mit denen man es zu tun hat.

Hier stellt sich erneut die Frage, welche Verbindung es zwischen den Charakterzügen, die aus der Analität hervorgehen, und der geschichtlichen Rolle der Analität gibt – oder auch nicht.

Diese Verbindung ist rein metaphorisch. Sie ist ein Mittel, das komplexe, undeutlich gewordene Dinge zum Ausdruck bringt, die wegen ihrer weiten Entfernung ungreifbar geworden sind, welche sich zwischen einen bescheidenen – oder lächerlichen – Ursprung und die Auswirkung geschoben hat, deren Umfang jedes Bewußtsein über die Verbindung, in der sie ursprünglich verwurzelt waren, beseitigt hat. Indem wir das machen, schaffen wir eine gewisse *Ordnung*, durch die wir diese Dinge einer anarchischen Naturwüchsigkeit entreißen und sie für die Vernunft faßbar machen.

Wie soll man eine Kausalität, die ganz auf die Existenz eines Stadiums mit einer doppelten – psychologischen – Determination beruht, und die Mannigfaltigkeit der Ursachen, die zweifellos nicht folgenlos geblieben sind, miteinander in Einklang bringen? Wie hat sich im Endergebnis ausgewirkt, was zur Analität gehört und was den Platz der Juden in einer Gesellschaft ausmacht, die sie nur als Vermittler zwischen dem Geld – das zum Abfall gehört – und ihnen toleriert?

Wie soll man den Übergang, die Verbindung und die kausalen Abläufe begreifen, die die Interaktionen zwischen der Organisation von Gesellschaften, in denen sie leben, und den Zwängen intelligibel machen, denen sie dort ausgesetzt sind, also kurz gesagt, zwischen dem sozio-kulturellen Milieu, in dem sie sich entwickeln, das sie formt, und der familieninternen Kultur, in der sie das lernen, was später ihre Stellung in der Gesamtheit der ihnen aufgezwungenen gesellschaftlichen Beziehungen sein wird und was einem gesellschaftlichen Schicksal gleichzusetzen ist?

Die Geographie, sagt man, ist Schicksal. Das Fehlen von Geographie ist ein anderes Schicksal. Wenn das Unglück der Diaspora dem jüdischen Volk einen Boden nimmt, den es sein eigen nennen könnte, dann wird es durch diese Situation so konstituiert, daß ihm nur eine begrenzte Wahl von Verhaltensweisen und Charakterzügen übrigbleibt. Dieses kleine Volk, das auf ein winziges Stück Land reduziert war, das geschickter im Handel als im Umgang mit Waffen war, sollte sich mit der größten damals bekannten Militärmacht konfrontiert sehen, mit jenem gigantischen Imperium, das von den Küsten der Nordmeere bis zu den Ufern des Euphrats reichte. Im Heldengedicht von Massada vernichtet, wurde das Volk des *Buches* zum Volk der Buchhalter.

Kürzlich hat man den Präsidenten der Handelskammer für Diamanten von Antwerpen gefragt, warum der Handel mit diesen Steinen in solchem Maße eine jüdische Spezialität war. Warum, antwortete er mit derselben jüdischen Neigung, eine Frage durch eine andere Frage zu beantworten, warum spielen die jüdischen Virtuosen eher Violine als Klavier? Die Antwort ist klar: Mit was soll ein Volk, das sich ständig zwischen zwei Fluchten befindet, denn sonst schon vorlieb nehmen?

SHYLOCK IST KEIN JUDE

Shylock ist kein Jude, weil er jenem Prinzip zuwiderhandelt, von dem ich oben gesprochen habe und das besagt, daß man in Geschäften (und in der Psychoanalyse) niemals einen Vertrag mit einem Freund oder mit einem Feind abschließen darf. Er ist nicht einmal ein Wucherer, denn dieser »leiht als Freund und verhält sich als Feind«, wie man im elisabethanischen Zeitalter sagte.[40]

Antonio hat gespielt. Nur ein *Goi*, muß Shylock denken, kann alles auf eine Karte setzen, und dann noch auf so eine! Antonio glaubt dennoch, er habe gut gespielt, so klug wie möglich. So beruhigt er Solanio und sich selbst: »Nein, wahrscheinlich nicht: ich dank' es meinem Glück, mein Kaufgut ist nicht *einem* Schiff vertraut«. Aber Shylock führt man nicht an der Nase herum. Er weiß, daß man sein Vermögen nicht schlechter anlegen kann; nirgends ist es in größerer Gefahr als auf dem gefährlichen Meer – dieser aporetischen Flüssigkeit. Ein Mißgeschick, ein Windstoß, eine bösartige Böe, und von einer Stunde zur nächsten ist man bettelarm. Aber ein venezianischer Edelmann läßt sich aus so niedrigen Gründen wie dem Handel ja nicht aus der Ruhe bringen. Man hat seine Vorsichts-

---

40 Vorwort zum *Marchand de Venise* von John Russel Brown, *Shakespeare, Œuvres complètes*, Bd. 4, S. 574.

maßnahmen getroffen. Vier Schiffe, jedes von großem Wert, das ist wahr, vollgestopft bis die Kiele bersten mit den kostbarsten Waren, aber jedes auf einem anderen Meer, um das Schicksal nicht herauszufordern und die Gefahren durch die Zahl der Schiffe zu teilen. Der edle Antonio hat einen guten Freund, der aber leider hoch verschuldet ist. Und nun braucht der Freund Bassanio in einer Liebesangelegenheit, die keinen Aufschub duldet, dreitausend Dukaten. Er ist zwar sehr edel, aber jeder vom Markusplatz am Rialto weiß, daß niemand – und Shylock als letzter – ihm auch nur einen halben Dukaten leihen würde. Bassanio weiß das sehr wohl und würde Shylock nicht um dreitausend Dukaten bitten. Für den Schuldschein bürgt Antonio. Das Geschäft wird gemacht: »*Bassanio*: Wenn es Euch beliebt, mit uns zu speisen. *Shylock*: Ja, um Schweinefleisch zu riechen [...]. Ich will mit euch kaufen und verkaufen [....]; aber ich will nicht mit euch essen, mit euch trinken, noch mit euch beten.«

Shylock ist kein Jude: er vermischt zwei Dinge, die man so getrennt halten muß, wie die Muttermilch und das Fleisch des Lammes. Ebensowenig sollte man seine Tochter analysieren, es sei denn, man ist Freud, aber Freud ist nicht mehr Psychoanalytiker[41] als Shylock Jude ist. Shylock will keinen Gewinn – und das ist sein tödlicher Irrtum –, sondern Rache, seinen Haß befriedigen und andere als Warenrechnungen begleichen. Shylock: »Ich hass' ihn, denn er ist ein Christ;/Doch mehr noch, weil er in gemeiner Einfalt/Umsonst Geld ausleiht und hier in Venedig/Den schönen Zinsfuß uns herunterbringt.«

Aber dieses *mehr noch* ist noch weniger. Es ist die Bewegung der Verleugnung, die den reinen Haß, den er für den Christen empfindet, rationalisieren soll: »Kann ich ihn einmal an der

---

41 Wenn ich aus provokativen Gründen sage, daß Freud kein Psychoanalytiker ist, so ist damit gemeint, daß er niemals von jemand anderem als sich selber analysiert worden ist. Das hat ihn allerdings nicht daran gehindert, die Psychoanalyse so zu erfinden und zu praktizieren, wie ein nicht-beschnittener Jude.

Hüfte packen, / So mäst' ich fett den Groll […]. Er haßt mein heilig Volk […]. Ha, verflucht sei mein Stamm, / Wenn ich ihm je vergebe!« Weiter unten: »Signor Antonio, manches Mal und oft / Habt Ihr auf dem Rialto mich geschmäht […]. Ihr nennt mich ungläubig und Hund von Halsabschneider, / Und speit mir auf mein jüdisches Gewand […]. Stets trug ich's mit geduld'gem Achselzucken, / Denn dulden ist das Erbteil unsers Stammes. […] Ist's möglich, daß ein Köter / Dreitausend Dukaten leihen kann?« Und Antonio antwortet: »Willst du dies Geld uns leihen, leih es uns nicht als deinen Freunden […], nein leih es lieber deinem Feind.«[42]

Damals, zu der Zeit, die man schamhaft als *die Ereignisse des Mai 68* bezeichnet hat, von denen man immer noch nicht viel mehr sieht als die Schockwelle, die hier vom offiziellen Diskurs abgedämpft wurde und im Osten die größte Erschütterung des Jahrhunderts seit der Oktoberrevolution ausgelöst hat, haben sich die beiden ersten Momente der gleichen Dialektik abgezeichnet. Das dritte Moment bleibt in jeder konkreten Geschichte unvorhersehbar.

Um nun auf mein Thema zurückzukommen, im Laufe der zahllosen Diskussionen, Sitzungen und mehr oder weniger allgemeinen Zusammenkünfte äußerte einer meiner Kollegen, der in äußerster Opposition zu diesem »chienlit« (Chaos, Abschaum) (de Gaulle *dixit*)[43] stand, daß er nichts dagegen hätte, einen »Faschisten« auf seine Couch zu legen. Ich war sehr erstaunt und sagte, daß ich nicht auf die Idee käme, so etwas zu machen. Ich hätte mich übrigens geweigert, irgend jemanden zur Analyse anzunehmen, wenn ich den Eindruck gehabt hätte, daß er zu sehr mit der Militärclique verbunden

---

42 *Der Kaufmann von Venedig*, zitiert nach der Übers. von Schlegel/Tieck. [A. d. Ü.]
43 Während der Ereignisse des Mai 68 in Frankreich soll de Gaulle gesagt haben: *La réforme, oui; la chienlit, non*. Meint »chienlit« in erster Linie soviel wie *karnevalistische Maskerade*, so kann es, etwas anders geschrieben, nämlich »chie-en-lit«, auch heißen: *Bettscheißer*. [A. d. Ü.]

wäre, die eine Terrorherrschaft über ein weit entferntes Volk ausübte.

Ich erinnere hier an einen Artikel, der in der psychoanalytischen Vereinigung so viel Aufregung verursachte, daß man sich die Mühe machte, eine englische Übersetzung anzufertigen – wobei man auf meine Erlaubnis verzichtete (die ich im übrigen keineswegs verweigert hätte) –, damit er zum Hauptbeweisstück werden konnte, das zweifellos meinen – nationalen und internationalen – Ausschluß aus der Vereinigung rechtfertigen sollte.

Hier ein Abschnitt aus diesem Artikel, der sich auch auf mein gegenwärtiges Anliegen bezieht: die *de-formierende Maschine*.

»Stellen wir uns ganz konkret eine Analyse in einem autoritären Staat vor. Stellen wir uns einen Rechten, einen Faschisten in der Analyse vor. Wie könnte dieser Mann der Ordnung und der Unterdrückung wirklich eine Psychoanalyse akzeptieren, die ihm als Untergrabung der Ordnung, als libertär und antirepressiv erscheinen müßte: Wie könnte er eine positive, vertrauliche und freie Beziehung zu jemandem herstellen, der ihm als Verleugner der von ihm für wesentlich gehaltenen Werte erscheinen muß? Und wie kann sich umgekehrt in einem Polizei- oder Denunziantenstaat ein Linksoppositioneller – oder ein ›Rechter‹ unter einem sogenannten sozialistischen autoritären Regime – der Willkür von jemandem überlassen, zu dem er kein volles Vertrauen haben kann? Und was wird aus diesen objektiven Schwierigkeiten, wenn es hinterhältige Übertragungsversuche gibt?«

Wohlgemerkt, dieses Thema, das uns von Shylock fortzuführen scheint, bringt uns eher zu ihm zurück. Man kann sich nicht vorstellen (es sei denn, man will die Kräfte außer acht lassen, die die Analyse von beiden Seiten der schlichten Praxiseinrichtung, die beide umgibt, beeinflussen), daß Analytiker und Analysand zwei extreme und entgegengesetzte Positionen auf dem politischen Schachbrett der Landes, in dem sie leben, einnehmen. Kein reales Gefühl, das heißt, kein Gefühl, das auf einer Realität beruht, die der Situation äußerlich ist, in die beide sich für eine bestimmte Zeit, die zu Beginn der Analyse nicht festgelegt werden kann, und mit einer Kraft begeben haben, deren Intensität normalerweise (zumindest auf seiten des Analytikers) keine große Überraschung hervorruft, kann, selbst jenseits des Notwendigen, verhindern, daß Schwingungen übertragen werden, die an sich schon sehr gefährlich sind, und daß die Realität einen zusätzlichen Schub auslöst, der ein fragiles Gleichgewicht stören könnte.

Wohlgemerkt, die Analyse ist ebensowenig eine Frage des Geldes, wie der *Kaufmann von Venedig* eine Tragödie zum Thema Geld ist, denn für Shylock geht es um Rache. Man bietet Shylock den doppelten Betrag an, den Antonio ihm schuldet, man verzehnfacht ihn, aber Shylock ist das Geld ganz gleichgültig: er will das Leben von Antonio. Shylock ist kein Jude. Er hat eine Beziehung zum Geld, die jede Analyse zum Scheitern bringen würde – so wie er selber auch scheitern sollte. Dieses Stück ist so wenig ein Drama zum Thema Geld, daß niemand – und als letzter Shylock, dessen Wuchererseele sich doch hätte regen müssen – sich darum kümmert, woher all dieses Geld kommen könnte, das mit vollen Händen angeboten wird, um ihn zu einem Verzicht auf das als Pfand gesetzte Fleisch zu bewegen. Man verspricht das Doppelte, sechstausend Dukaten, dann wird dieser Betrag verdreifacht, aber keiner fragt sich, von welchem Himmel diese Dukaten herabfallen sollen. Sollen sie etwa von Bassanio kommen, der sie verspricht? Oder von Portia, die die märchenhafte Summe kräftig erhöht? Aber Bassanio steckt bis zum Hals in Schulden (aus Freundschaft zu ihm hat Antonio leichtsinnig die Bürgschaft übernommen). Portia hat neben ihren Talenten als Advokatin und Rechtsgelehrte, die sie während der Urteilsverkündung als *deus ex machina* zum Einsatz bringt, keinen roten Heller, zumindest soweit der Zuschauer weiß.

Und Shylock muß verrückt gewesen sein, er hätte in den ersten *manicomio* der Lagune gesteckt werden müssen, weil er seinen Dreitausender-Schuldschein und seine guten Dukaten für ein Pfand aufs Spiel setzte, dessen Eintreibung schon das Römische Recht ihm verboten hätte. Die Verstümmelung als Geltendmachung des Rechtes auf die Rückerstattung von Schuldforderungen ist nur eine theatralische Fiktion, angesichts derer der anspruchsvollere Zuschauer die Augen schließt, weil er weiß, daß sich die Tragödie, die man ihm vorführt, nicht um das Geld dreht, das die Protagonisten gegeneinander aufbringt, sondern um den Haß, den Shylock und Antonio füreinander empfinden.

Shylock, der ebenso bösartig und raffiniert ist wie sein Meister Shakespeare, hält alle Fäden in der Hand; Shakespeare und er wissen, daß der Haß, der die Konfrontation der Juden und venezianischen Honoratioren auslöst, es niemals erlaubt, daß Shylock sich durchsetzen kann. Das ist eine reine Frage der Kräfteverhältnisse. Kein Gesetz – so streng es auch von der Serenissima respektiert worden sein mag – hätte in die Waagschalen der Justiz – selbst wenn diese dreifach verbundene Augen gehabt hätte – auf der einen Seite dreitausend Dukaten und auf der anderen das Leben eines so reichen und mächtigen Mannes wie Antonio gelegt. Diese Ungereimtheiten stören weder den Autor – der noch ganz andere gesehen hat – noch das Publikum, das sich im Theater und nicht im Gerichtssaal befindet. Was all die verschiedenen Zuschauergruppen, die das Drama sehen, berührt, ist, daß man einen *tödlichen* Gegensatz sieht, bei dem es darum geht, ob es der List des Juden gelingt, über das Ansehen und die Macht eines venezianischen Edelmannes den Sieg davonzutragen.

Der Prozeß, in dem Portia Shylock besiegt, beruht auf Machenschaften, die so offensichtlich sind, daß jeder Zuschauer die Künstlichkeit bemerkt. Aber das gehört zum Glücksgefühl, das der Zuschauer empfindet und das ihn die Künstlichkeit vergessen läßt, so daß er sich daran ergötzen kann, daß die Mordabsicht Shylocks vereitelt wird und dieser, als Vollendung der guten Gerechtigkeit, seine Strafe bekommt.

Niemals hätte ein Jude ein solches Pfand verlangt, zunächst, weil es sinnlos ist – und es hätte nicht der Geschicklichkeit Portias bedurft, um seine Nichtigkeit zu beweisen – und dann, weil jedes jüdische Gesetz es dem Geldverleiher verbietet, ein *Blutpfand* zu nehmen.

Ein Volk, das stolz ist und sich seiner Erwähltheit und seiner bevorzugten *einzigartigen* Bindung an seinen Gott so sicher ist, würde nicht im Geld die schlichte Sicherung seines materiellen Lebens suchen, nicht einmal seines kurzen Lebens, und noch weniger die Mittel für eine niederträchtige und dumme Rache. Es strebt viel Höheres an. Shylock ist kein Jude.

Wenn man glaubt, der Kaufmann von Venedig würde auf Antonio eine Variante des Gesetzes der Vergeltung anwenden, würde man das Wesen dieses Gesetzes verkennen. Vorerst sei nur bemerkt, daß es in der von Rabbi Aquiba kommentierten *Gemara* heißt: »Ein Gericht, das einmal in siebzig Jahren die Todesstrafe verhängt hat, wird als Mörder angesehen.«

Das Geld in der Bibel

Der heilige Augustinus hat ein Dreieck beschrieben, dessen drei Seiten die drei grundlegenden Begierden des menschlichen Wesens darstellen: die *Geschlechtlichkeit*, die *Macht* und das *Geld*. Wenn auch das jüdische Gesetz dem Geld und den dunklen Beziehungen, die das menschliche Wesen zu ihm unterhält, so viel Bedeutung beimißt, dann deshalb, um zu versuchen, durch göttliche Anweisungen seine Rolle zu reduzieren und seine zerstörerische Kraft einzuschränken. Mit dem Mittel des Geldes, das am leichtesten zu beschaffen ist, will das *Gesetz* das *Machtstreben* – und letztendlich den *Mord* – eindämmen.

Jacques Monod hat eine verführerische Hypothese zur Entstehung der Sprache vorgebracht. Er hat sich vorgestellt, daß es im Anschluß an einen jener Zufälle, an die er glaubte, bei einer bestimmten Zahl von Individuen eine Mutation gegeben hat, die sie mit der Fähigkeit, Töne auszustoßen, ausgestattet hat. Die so erworbene Befähigung hat ihnen in ihrem Überlebenskampf eine solche Überlegenheit gegeben, daß nur diejenigen, die über sie verfügten, überleben und somit die Fähigkeit, Töne auszustoßen, übermitteln und Zugang zur Sprache haben konnten. Dadurch findet auch eine andere Frage ihre Antwort, denn auf der Grundlage dieser Voraussetzung hat sich die allgemein angenommene Reihenfolge, die den Menschen zum Erfinder der Sprache machte, umgekehrt: nicht der Mensch hat die Sprache erfunden, sondern ganz im Gegenteil, die Sprache hat den Menschen erfunden. Dadurch wurde eine weitere Behauptung bestätigt, nämlich die des Linguisten Emile Benveniste, dem zufolge der Mensch nicht in der Natur, sondern in der Kultur zur Welt kommt.

Die verführerische Hypothese von Jacques Monod erlaubte es, zwischen Benveniste und Hegel zu vermitteln, für den (und diese Position schien in ihrem gemäßigten Gültigkeitsanspruch der Beobachtung und der Reflexion besser gerecht zu werden) der Mensch zugleich in der Natur und in der Kultur zur Welt kommt.

»Keiner ist absichtlich böse«, behauptete Sokrates, der an die Götter im Himmel dachte. »Die ganze Welt ist pervers und böse«, wiederholt Sade unaufhörlich mit einer Beredsamkeit, von der er allein völlig hingerissen ist, während sie den meisten seiner Leser die Sprache verschlägt, bevor der Brechreiz sie der Lektüre entreißt. Freud ist zwar in seine Fußstapfen getreten, aber als Wiener Kleinbürger, der mit der klugen Martha verheiratet war, die ebensowenig wie Freud selbst ein im eigentlichen Sinne vulkanisches Temperament gehabt haben dürfte, konnte er den Spuren eines französischen Marquis und dessen perverser Ausschweifung doch nicht so recht folgen.

Als Jude und Mann des *Gesetzes*, das ihm weniger gleichgültig war als seine Abstammung, machte er die natürliche Bosheit des Menschen zum Gegenstand seines gesamten wissenschaftlichen Denkens. Indem er, wie es sich für jeden wissenschaftlichen Geist – und Freud ist einer – gehört, mit dem Anfang anfing, gab er eine Beschreibung, die bei seinen Zeitgenossen Abscheu hervorrief. Hat er doch aus jenem Ausbund an Unschuld, den das Kind war, einen *Perversen* und überdies einen *polymorph* Perversen gemacht. »Wer einen Skandal hervorruft, wird durch den Skandal untergehen«, heißt es in der Heiligen Schrift, die Freud gerade im rechten Augenblick außer acht läßt, was es ihm ermöglicht, sich nicht vor der Hölle zu fürchten, der er übrigens keinerlei Glauben schenkte.

Freud trifft an diesem entscheidenden Punkt der Entwicklung seiner Begriffe auf einen Philosophen, den er nicht zu kennen behauptet – und wir haben keinen Grund, ihm nicht aufs Wort zu glauben: es handelt sich um keinen geringeren als Hegel.

Freud machte, wie Hegel, den Wunsch oder die Begierde zum weißglühenden Mittelpunkt des menschlichen Wesens, und den Narzißmus zum Brennpunkt der ganzen Dynamik des Subjektes. Hegel hat das – beziehungsweise, hatte das schon gemacht, als Freud sich daran versuchte – viel besser und in anderer Weise viel grundlegender gemacht. Nicht die Begierde (die Freud einer schnellen Eingebung folgend in einem berühmten Brief an Fließ als Wunsch bestimmt, der seit dem Ursprung *ad matrem* gerichtet ist) sollte zur Grundlage der Psychoanalyse als Wunsch nach dem Elternteil des entgegengesetzten Geschlechts werden. Für Hegel setzt sich die Begierde niemals ein anderes Objekt zum Ziel, die Begierde ist immer Begierde nach einer anderen Begierde und die Geschichte ist somit nichts anderes als die Geschichte *begehrter Begierden*.

Laut Anaxagoras ist der Mensch intelligent, weil er eine Hand hat. Gerade die Veränderung der Körperhaltung hat eine Vergrößerung der Gehirnmasse und eine Modifizierung der spinozerebralen Achse ermöglicht, die zu einer aufrechten Kopfhaltung geführt und eine physiologische Veränderung der Stimmbänder ermöglicht hat. Offensichtlich aufgrund von schlichten Mutationszufällen während der Evolution ist es bestimmten Typen der Gattung gelungen, Töne auszustoßen, die zu den ersten Ansätzen der Sprache werden sollten. Diese Errungenschaft muß denjenigen, die damit ausgestattet waren, eine solche Überlegenheit gegeben haben, daß sie ihnen das Überleben auf Kosten derer ermöglichte, die nicht darüber verfügten.

Indem ich das Dreieck des heiligen Augustinus gerade auf eine einzige Seite – nämlich die *Macht* – reduziert habe, wird deutlich, daß diese – und eben das ist ihre grundlegende Bedeutung – als *Gewalt* betrachtet werden kann. Es gibt keine aktiv ausgeübte Macht, die nicht – oder allenfalls asymptotisch – zu einer tödlichen Überwindung des anderen neigt, also zur Beherrschung, zur Unterwerfung – zur Dialektik von Herrschaft und Knechtschaft, wie Hegel sagt. Das heißt, zur tödlichen Form der Gewalt. Wir befinden uns hier im Zeitalter der Aufklärung eines Kant, der uns ermahnt, den anderen niemals als Mittel, sondern immer als Zweck zu behandeln. Die Gewalt macht genau das Gegenteil.

So beschäftigt sich das jüdische *Gesetz* grundlegend mit der Geschichte der Gewalt, die, im Herzen des Menschen, nichts anderes als jene natürliche *Grausamkeit* ist, die gemäßigt werden muß, da sie durch die strengen Regeln einer *Gesetzgebung* nicht beseitigt werden kann. Die Gewalt ist genau das, was Hegel davon übernommen hat. Nichts anderes als jene Perversion des Menschen, die Folge seines doppelten Ursprungs, der nicht die reine Befriedigung der Begierde als Begierde nach einem Objekt anstrebt, sondern dazu neigt, den anderen seiner eigenen Begierde zu berauben: der Mord in seiner nacktesten Form, in seiner ursprünglichen Perversität.

Das Interesse des jüdischen *Gesetzes* für das Geld liegt auf der Ebene der *Ethik*. Und so kommt es zum Zusammentreffen der Gebote des *Gesetzes*, des neutralen Wesens des Geldes und seiner universellen Konvertierungsfunktion. Es kann alles umwandeln, und zwar nicht nur alle vorstellbaren Objekte in alle anderen begehrbaren Objekte, sondern es geht bis zu erlittenen Schäden, darin eingeschlossen das Leiden, die Verletzung oder die Gebrechlichkeit, die nur durch das Mittel des Geldes einen *relativ* gerechten Ausgleich finden können. Allein das Geld kann den Gewaltkreislauf unterbrechen. Da es erlaubt, seine zerstörerischen Auswirkungen auf die Gemeinschaft zu vermeiden oder einzuschränken, ist das Geld der ideale Ausgangspunkt, um die Welt der Natur zu verlassen und in die Welt der Kultur einzutreten.

Du sollst nicht töten

Aber die Lektüre des *Gesetzes* wird uns davon überzeugen, daß der Mord – wie der von Kain – nicht immer das einzige ist, was verdammenswert ist. So steht geschrieben (5. Mose XXIV, 14–15): »Du sollst dem Dürftigen und Armen seinen Lohn nicht vorenthalten, er sei von Deinen Brüdern oder den Fremdlingen [....]. Sondern selbst ihm seinen Lohn des Tages geben, daß die Sonne nicht darüber untergehe; denn er ist dürftig *und darauf richtet er seine Begierde*.« Und der Talmud (*Baba Metsia* 112/a) fügt folgenden Kommentar hinzu: »wer den Lohn eines Arbeiters zurückhält, verhält sich so, als ob er ihm das Leben nehmen würde«.[44]

Dazu hat man sich gefragt, um welches Leben es sich handelt. Die unmittelbarste Antwort bezog sich nur auf das Leben des Armen, dem Schaden zugefügt wird, wenn er bei Sonnenuntergang, bei Arbeitsende, nicht bekommt, was ihm zusteht. Aber der Sinn des Gesetzes ist sehr viel grundlegender. Wenn gesagt wird, daß *das Leben des Armen eingesetzt wird*, wenn man seinen Lohn nach der Erfüllung der Aufgabe zurückhält, dann beraubt man ihn nicht nur, sondern man nimmt ihm gerade

---

44 Zitiert nach Emeric Deutsch, »L'argent nommé désir et sang«, in *Communications* Nr. 50, Paris 1989, S. 81–89. [*Baba Metsia* und die weiter unten zitierten *Baba Bathra* und *Baba Kamma* sind Traktate aus dem *Babylonischen Talmud*, übers. von Lazarus Goldschmidt, 12 Bde., Berlin 1929–1936 (A. d. Ü.).]

jenes Leben, das er eingesetzt hat. Indem der *Talmud* noch weiter geht und die Dialektik der Ausbeutung des Menschen durch den Menschen offenlegt, nimmt er die scharfsinnigsten Analysen von Marx um mehrere Jahrtausende vorweg. Denn, wer einen Armen *ausbeutet*, raubt ihm nicht nur einen Teil seines Lebens, sondern entgeht selber nicht den *moralischen* Konsequenzen seines Raubes. Der Raub tötet nicht nur symbolisch den Armen, sondern *verändert* auch den Ausbeuter selbst. Man hat beinahe das Gefühl, die *Manuskripte von 1844*[45] zu lesen.

Dieser symbolische Mord kann nur durch Geld gesühnt werden. Das Zurückhalten des Geldes schmälert nicht nur das Einkommen des Armen, sondern es trägt auch noch zu seiner affektiven Verarmung bei. In dieser Gewalt, die ihm widerfährt, sieht er sich klar in seiner Abhängigkeitssituation, er erkennt seine Knechtschaft und das Gewaltverhältnis, das ihn mit seinem Ausbeuter verbindet. Dafür kann es keinen Ausgleich in Naturalien mehr geben. Nur das Geld ist in der Lage, zur Ausgleichsform für alle Verletzungen und Ungerechtigkeiten zu werden. Ebenso wie der Arme sein Leben in die Arbeit »investiert«, das heißt in die verdiente und erwartete Entlohnung, die ihrerseits in Geld ausgezahlt werden muß, ebenso kann die Kompensation selbst nur in Bargeld und nicht in Naturalien erfolgen. Das Geld kann sich aufgrund seiner Neutralität und Konvertibilität in jedes beliebige Objekt der Begierde verwandeln.

»Nur das Blut sollst du nicht essen, sondern auf die Erde gießen wie Wasser« (5. Mose XII, 16). Das *Gesetz* untersagt es, Blut, und zwar das eigene, fließen zu lassen, sich zu verstümmeln oder sich selbst eine Verletzung beizubringen, so wie es

45 »Indem er den anderen in eine Maschine zum Geldverdienen verwandelt, verliert der Ausbeuter selber seine Identität.« Vgl. MEW Erg-Bd. 1, *pass*. [Viderman zitiert nach E. Deutsch, a. a. O., S. 83 (A. d. Ü.)]

auch verboten ist, Blut zu sich zu nehmen. »Töten« heißt im Hebräischen *chofen dam*, also »Blut vergießen«, aber auch das »Geld (des anderen) fließen lassen«.

Wer weise werden will, beschäftige sich mit den Gesetzen, die sich auf das Geld beziehen (Baba Bathra, 175/b)[46]. Seien wir weise, und beschäftigen uns damit.

---

46 1. Mose IV, 5.

DIE VERGELTUNG

Ich werde Rechenschaft über euer Blut, das euer Leben ausmacht, verlangen.« Der talmudische Kommentar verwirft
die profane Interpretation (und als erstes die der Kritiker des
Gesetzes) dessen, was man fälschlich als Gesetz der Vergeltung
bezeichnet hat. Auge um Auge, Zahn um Zahn. Diese Äquivalenz ist zumindest in zweierlei Hinsicht unmöglich: sie würde
gerade die endlose Gewalt auslösen, die das *Gesetz* kompensie-
ren will, indem sie sie zügelt, und sie wäre eine Verleugnung
genauer Gerechtigkeit: weder mein Auge noch mein Zahn ist
mit dem deinigen vergleichbar; durch diese angebliche Äquivalenz würde ich nur versuchen, einen Schaden auszugleichen,
der dadurch keine wirkliche Kompensation finden würde.

»Kommt ihr [ein schwangeres Weib] aber ein Schade daraus,
so soll er lassen Seele um Seele, Auge um Auge, Zahn um Zahn,
Hand um Hand, Fuß um Fuß« (2. Mose XXI, 23–24). Im
hebräischen Text heißt es: *Ainé Tahat Ainé.* »Auge an die Stelle
des Auges oder Auge im Austausch für Auge.« Für den *Talmud*
ist das eine übereilte und oberflächliche Auslegung, in der nur
die buchstäbliche Rache festgehalten wurde. Nach dem Kommentar des *Baba Kamma* 83/b sind diese Äquivalenzen nur ein
Ausdruck für Äquivalenzen in Geld. »Wer seinen Gefährten
verletzt, muß im Hinblick auf fünf Rechtstitel Wiedergutmachung leisten: für den materiellen Schaden, für den Wert, für

die ärztliche Behandlung, für die Zeit der Untätigkeit und für die Schande (den moralischen Schaden).«

Daraus folgt, daß nur das Geld, zumindest symbolisch, die erlittene Verletzung oder den zugefügten Schaden wiedergutmachen kann. Es kann keine gerechte Äquivalenz zwischen einem Auge und einem anderen Auge oder zwischen zwei Verletzungen geschaffen werden. Da jeder Mensch eine äquivalenzlose Entität ist, fügt jede Äquivalenz von zwei Körperteilen zur Verletzung noch die Ungerechtigkeit einer zwangsläufig ungleichen Wiedergutmachung hinzu. Die einzige Entschädigung, die einer genauen Äquivalenz zwischen dem erlittenen Schaden und seiner Wiedergutmachung nahekommt, kann nur durch die Vermittlung des neutralen Geldes, des universellen Jokers Geld geschehen. Geld ist keine Wiederherstellung, sondern eine schlichte Wiedergutmachung. Das Geben von Geld hat keine Beseitigung des Fehlers zur Folge, daher muß das Opfer auch noch um Entschuldigung gebeten werden.

Hier wird deutlich, wie unterschiedlich die Lehre des Talmud und Hegels Theorie der Begierde sind. Man mag einwenden, daß Hegel der »realistischere« von beiden ist und den Menschen und seine Begierde so beschreibt, wie sie sind, während der Talmud sich mit ethischen Fragen beschäftigt und den Menschen von dem überzeugen will, was er tun müßte. Mit jenem zynischen Pessimismus, der vorgibt, das Herz des Menschen besser zu kennen, könnte man sagen, daß der Mensch als Verbrecher geboren wird, daß er immer nur ein Wolf unter den Menschen gewesen ist, daß das Bestreben, ihn zu ändern, zwar von guten Absichten zeugt, aber daß die »Natur« des Menschen letztendlich immer nur ein Beweis für die hochherzige Naivität jener Idealisten ist, die von der »Wirklichkeit« Lügen gestraft werden.

Ich verspüre immer ein gewisses Unbehagen, wenn auf so eine Art von Entelechie, von *conatus* – auf diese Verfeinerung unserer Unkenntnisse – zurückgegriffen wird, wie es die »menschliche Natur« ist. Die ganze Freudsche Triebtheorie beruft sich auf eine im wesentlichen perverse Natur. Sie beginnt mit der Polymorphie der Natur des Kindes.

Festzuhalten ist, daß das Geld seine Sonderstellung durch seine Universalität, durch seine Teilbarkeit, durch seine potentielle Konversion, kurz gesagt, durch seinen metaphysischen Abstraktionscharakter bekommt.

Damit das Begehren keine Degradierung erfährt, die es schändet, ist es in sich und an sich selbst Objekt der Begierde (siehe Harpagons Beziehung zu seiner Geldkassette, das Geld ist ihm zu nichts nütze, als letztes würde ihm in den Sinn kommen, einige seiner nutzlosen Münzen in Objekte der Begierde einzutauschen: es gibt keine, es sei denn die Münzen selbst[47]).

Der *Prediger* (V, 9) sagt: »Wer Geld liebt, wird Geldes nimmer satt.« Wenn das Objekt der Begierde nur das Geld ist, kann sie sich nie erschöpfen, denn in einer unfruchtbaren und zerstörerischen Sache dreht sie sich nur um sich selbst, ohne daß das Ziel der Begierde auf Objekte der Befriedigung übertragen würde, die Leib und Seele Genuß verschaffen und bereichern. Geld anzuhäufen, mit keiner anderen Begierde als der Begierde, seine Menge zu vergrößern, bedeutet nicht nur, alle Tauschhandlungen in der menschlichen Gemeinschaft zu pervertieren, sondern auch, sie den austauschbaren Begierden zu entziehen, indem das souveräne Mittel der Konversion verborgen wird, also das Leben des Geldes, seine Zirkulation, die die Beziehungen innerhalb der Gemeinschaft belebt. Indem man ihm nimmt, was in der Gesellschaft wie Blut im Körper zirkuliert, vergreift man sich an seinem Leben. *Jeder Geizhals ist ein potentieller Mörder.*

Der Vergleich von Geld und Blut ist nicht rhetorisch. Die Kraft des Geldes ist auf seine spezielle Funktion begrenzt, einen *neutralen* Raum zwischen den beiden Protagonisten zu schaffen und die Kette der Gewalt zu unterbrechen: *das Geld ist friedensstiftend.*

---

47 Vgl. Molière, *Der Geizige*. [A. d. Ü.]

HEGEL VOR DEM GESETZ

Es ist schwierig – vielleicht sogar unmöglich – zwei Konzeptionen zu finden, die so radikal entgegengesetzt sind, wie die der Begierde bei Hegel und im *Gesetz* und den talmudischen Auslegungen.

Bei Hegel ist die Begierde niemals einfach, sie ist niemals Begierde nach einem Gegenstand. Denn einen Gegenstand hinlänglich zu begehren, bedeutet, Zugang zu ihm zu bekommen. In diesem Sinne ist der Horizont jedes Begehrens die Befriedigung. Ich kann ein Bettler sein und mir wünschen, wie ein König zu tafeln. Das ist weder verrückt noch unerreichbar. Aber für die Hegelsche *Begierde* kann das Begehren nur die Begierde nach der Begierde des anderen sein. Man ist hier mit einer Vorstellung von Begierde konfrontiert, die das Subjekt in einen Gewaltkreislauf einschließt, der nur durch den Tod von einem der beiden beendet werden kann.

Es ist nicht erstaunlich, daß man bei Hegel die heftigsten Vorwürfe gegen das Judentum findet. »Die Wurzel des Judentums ist das Objektive«, schreibt Hegel (*Der Geist des Christentums und sein Schicksal*). Das ist richtig und aus Hegels Sicht einleuchtend. Für das *Gesetz* ist ein Objekt ein Objekt: es gibt keinen Schatten, der sich auf jenem Hintergrund abzeichnet, den Hegel dort ausmacht und der immer die *sàgoma* ist, wie man in Italien sagt, der Entwurf, der in der Transparenz des

Gegenstands immer wahrnehmbar ist und der den besitzenden Anderen Gestalt annehmen läßt. Die Gewalt ist bereits vorhanden, und auch die notwendige Tat des Mordes, um sie zu seinen Gunsten zu nutzen.

Hegel begreift das Leben nur unter dem subjektiven Aspekt, es ist nur ein Leben für den Tod. Nur der Tod bringt den wirklichen Menschen zur Welt. Der Tod ist anthropogen. Der einzige Sinn des Lebens liegt in der Todesgefahr, die in einem reinen Prestigekampf auf sich genommen wird. Für Hegel ist der unsterbliche Mensch eine Quadratur des Kreises.

Die Gewalt als Begründerin der Menschlichkeit des Menschen steht bei Hegel in der Nähe der Gewalt, auf der sich die Generation – und die Generationsfolge – von Ödipus gründen sollte. Wenn die Söhne den Vater der Urhorde töten, geht nichts zu Ende und beginnt alles von vorn. Mit dieser Tat – dem Sieg über die *Objekthaftigkeit* des Vaters, über einen Gegenstand, den man vernichten kann – beginnt die unendliche, fortdauernde und versteinerte Geschichte von Generation zu Generation, beginnt die endlose Kette, die von Kastrationen bis zu Morden die tragische Aufeinanderfolge von Vätern und Söhnen mit einer blutigen Spur durchzieht.

Was Hegel am *Gesetz* verabscheut, ist seine Bemühung um Gerechtigkeit, das heißt, die Idee absoluter Objektivität. Was bedeutet *Recht sprechen*, wenn nicht die objektive Wahrheit der Fakten herzustellen, auf deren Grundlage allein die Idee und die Möglichkeit von Gerechtigkeit zu existieren beginnen. Hegel nimmt die äußerste Gegenposition zur Idee der Gerechtigkeit ein. Bei ihm gibt es nur Kräfteverhältnisse, nur sie begründen die Menschlichkeit des Menschen in dem Todeskampf, der ihn dem anderen gegenüberstellt und der es erlaubt, Herrschaft und Knechtschaft zu unterscheiden. Eben das Bild, das die Gerechtigkeit symbolisiert – die beiden Schalen einer Waage, die von einer Göttin mit verbundenen Augen gehalten wird. Es gibt nichts Objektiveres als eine Waage. Es gibt nichts weniger Männliches und somit weniger Menschliches als eine *blinde Frau*. Das Gebot des *Gesetzes*, »du sollst nicht töten«, macht bei der Anwendung des Gebotes keinen Unterschied *subjektiver* Art; das ist das Prinzip einer universellen Gesetzgebung, die alle Menschen mit derselben objektiven Gleichheit behandelt. Das Leben ist laut Hegel nur ein menschliches Leben, weil es in jenem Todeskampf aufs Spiel gesetzt wird, in dem er den Ursprung des Menschen sieht. Deshalb schätzt er an Jesus und am Christentum, daß das Gesetz seiner objektiven, universellen abstrakten Form entkleidet und durch ein höheres Gesetz ersetzt wird, das Mord, Rache und den Kampf um Oberhoheit und Herrschaft ablehnt und eine *Versöhnung* verlangt.

Die Gerechtigkeit des *Gesetzes* setzt zwar eine Gleichheit voraus, aber eine Gleichheit unter Feinden. Das Christentum unterdrückt die Feindschaft und den Haß, es lehnt den Mord ab. Das Wesen der *Versöhnung* lehnt das Recht ab, es verbietet, daß der Richter richtet.

Wenn man auch nur für einen Augenblick zur Psychoanalyse zurückkehren möchte, so ließe sich leicht sagen, daß sie eine »jüdische Wissenschaft« ist, zumindest könnte man meinen, daß es im Hause des Vaters eine Vielzahl von Bleiben gibt (aber das ist sicherlich nicht das gleiche); man erkennt die Abstammung wieder, die aus der Idee eines Todeskampfes hervorgegangen ist, der zwei Bewußtseine miteinander konfrontiert, von denen eines über das andere siegen muß. Hier ist der Wunsch niemals mit jener Rationalität der Begierde, die er beinhaltet, auf ein Objekt gerichtet. Wenn der Kampf des Verlangens zum Besitz des begehrten Objekts führt, stirbt es ab oder richtet sich auf eine Reihe von anderen Wünschen, deren Zweck immer der Besitz des Objektes ist.

Die Psychoanalyse ist nur eine Reproduktion des Hegelschen Realismus (»hier der Mensch so, wie er ist, und nicht wie irgendein lächerlicher Idealismus ihn erträumt hat«). Das doppelte Antlitz des ödipalen Begehrens, das von den beiden gleichpoligen entgegengesetzten Besetzungen geteilt wird, hat uns davon überzeugt, daß der Gegenstand des Begehrens nicht der Besitz des Gegenstandes ist (die Libido richtet sich nicht nur *ad matrem*, wie Freud an Fließ schrieb), sie sieht als Zweck nicht den Besitz der Mutter, sondern richtet sich auf das Begehren der Mutter nach dem Vater und vice versa. Das Begehren ist nicht – im wesentlichen nicht – auf einen einzigen Gegenstand gerichtet, sondern das *Begehren* des Gegenstands ist der *Gegenstand* des Begehrens.

Dazu lese man aufmerksam den erhellenden Kommentar von Alexandre Kojève zu Abschnitt A von Kapitel IV (»Selbständigkeit und Unselbständigkeit des Selbstbewußtseins; Herrschaft und Knechtschaft«). Sämtliche Vorlesungen von Kojève zur *Phänomenologie des Geistes* sind 1947 von Raymond Queneau bei Gallimard veröffentlicht worden. Man liest hier, daß ein natürlicher Gegenstand, dessen Inbesitznahme die Befriedigung eines Bedürfnisses anstrebt, kein echter Gegenstand der Begierde ist. Ein Gegenstand kann nur Gegenstand der menschlichen Begierde sein, wenn er durch die Begierde des anderen vermittelt wird. Ein unnützer Gegenstand, dessen Besitz keinem Bedürfnis entspricht, kann infolgedessen Gegenstand der *Begierde* sein, wenn seine Inbesitznahme die Enteignung des anderen anstrebt, dessen Begierde allein den Wert des begehrten Gegenstandes ausmacht. Kojève schreibt: »Die menschliche Begierde muß sich auf eine andere Begierde richten. Damit es zur menschlichen Begierde kommt, muß es also zunächst eine Mehrzahl (tierischer) Begierden geben. (…) Der Mensch kann also auf Erden nur innerhalb einer Herde auftauchen. Daher kann die menschliche Wirklichkeit nur eine soziale sein. Die bloße Mehrzahl der Begierden reicht aber nicht aus, um aus der Herde eine Gesellschaft zu machen; die Begierden jedes Gliedes der Herde müssen außerdem auf die Begierden der anderen Glieder gerichtet sein oder sich richten können. Wenn die menschliche Wirklichkeit eine soziale Wirklichkeit ist, so ist die Gesellschaft nur als ein Ganzes von sich gegenseitig als Begierde begehrenden Begierden menschlich. Die menschliche oder besser die anthropogene Begierde (...) unterscheidet sich also von der animalischen Begierde (...) durch die Tatsache, daß sie sich nicht auf ein reales, ›positives‹ gegebenes Objekt, sondern auf eine andere Begierde richtet. So ist zum Beispiel in der Beziehung von Mann und Frau die Begierde nur dann menschlich, wenn der eine Teil nicht den Körper, sondern die Begierde des anderen begehrt (...), es ist menschlich zu begehren, was die anderen begehren, weil sie es begehren (...); die menschliche Geschichte ist die Geschichte begehrter Begierden«.[48]

Das *Gesetz* ist das genaue Gegenteil dazu. Gerechtigkeit und keine Nächstenliebe. Die Gerechtigkeit will also dafür sorgen, daß zwei menschliche Wesen, die die gleiche Beschaffenheit haben, nicht durch das Geld de-naturiert werden. Ein Reicher, der ein erniedrigendes Almosen gibt, demütigt denjenigen, der es entgegennimmt, ändert die Natur des Armen, der nicht mehr zur *selben Welt* (verwendet man nicht den gleichen Ausdruck, um die Zugehörigkeit zu zwei verschiedenen Klassen zu bezeichnen, und, in Indien, die Kasten und die Unberührbaren) gehört. Damit wollte man in Vergessenheit geraten lassen, daß Reiche und Arme die gleiche Beschaffenheit haben. Die gesellschaftlichen Klassen verwandeln sich in biologische Klassifikationen. Der Reiche *muß* den Armen ständig am Leben erhalten. Letzter soll nicht mehr betteln müssen (mit der Konnotation von Unterwerfung und Ungleichheit, die das Betteln hat). Weil er reich ist, muß der Reiche dem Armen einen Teil seines Reichtums überlassen und somit dazu beitragen, daß das Gleichgewicht zwischen Sein und Haben wieder-

---

48 Alexandre Kojève, *Hegel, eine Vergegenwärtigung seines Denkens*, übers. v. I. Fetscher u. G. Lehmbruch, Frankfurt 1975, S. 22–23.

hergestellt wird. Das Geld ist niemals verrückt.[49] Sonst könnte man auch sagen, die Zwangsjacke sei verrückt. Sie ist eher ein Gegenwahnsinn, also das, was es ermöglicht, ihn *einzudämmen*, so wie das Geld die Eindämmung von Leidenschaften und die Befriedung von Launen bewirkt. Das Geld allein ist in der Lage zu entschädigen und die anderen zugefügten Schäden wiedergutzumachen. Im eigentlichen Sinne des Wortes kann man niemals etwas *wiedergutmachen*, also den Schaden beseitigen. Niemand kann einem auf der Straße durch die Unvorsichtigkeit oder den übertriebenen Alkoholgenuß eines anderen Verunglückten das verlorene Bein wiedergeben. Man kann nichts zum Ausgleich geben, was den Schaden wiedergutmacht. Man kann dem Verunglückten nicht das Bein des Schuldigen geben (*niemals: Auge um Auge*), das würde bedeuten, dem geschehenen Grauen ein künstlich geschaffenes Grauen hinzuzufügen. Das Geld ist der ideale Vermittler, um den Schaden so gut wie möglich auszugleichen, denn, wenn auch kein Geldbetrag das Bein dessen, der es verloren hat, wiederherstellen kann, so kann es doch jeden anderen Gegenstand herbeischaffen, den er sich wünschen mag, darin eingeschlossen solche, die er mit den ihn überkommenen Affekten besetzen kann, sogar in geringem Maße den Ersatz für ein Körperglied, das als solches unersetzbar bleibt.

---

49 Titel eines Buches von Alain Mine, *L'argent fou*, Paris 1990. Dort kann man lesen, daß »die Unternehmer (...) alle Rechte haben. Ihre Auseinandersetzungen wirken wie Heldensagen (...), die Zahlungsunfähigkeit erweckt die Aufmerksamkeit. In keinem Land ist die Saga vom Unternehmertum in diesem Maße zum *nec plus ultra* der Kreativität geworden« (S. 15–16).

»Der freieste Geist, den man jemals gesehen hat«[50]

Laut Freud ist die Neurose das Negativ der Perversion, weil die Neurose nicht spricht. Das ist, wohlgemerkt, allerdings nicht so gemeint, sondern nur eine Metapher, um zu sagen, daß die Neurose zwar nicht stumm ist, daß sie aber, wenn sie spricht, immer von etwas anderem spricht und vorzugsweise auf Ausdrucksweisen zurückgreift, die den Sprachcodes fremd sind. Wenn die Neurose eine Erkrankung des Gedächtnisses ist, so ist letzteres wie die Natur: es hat eine Scheu vor dem Leeren. Der Neurotiker hat buchstäblich den Zugang zur Sprache verloren und sie durch die Symptome ersetzt; daher rührt der Sinn und die Bedeutung der Analyse, die zwischen dem Symptom und dem Subjekt, das sie *aussendet* (in der Weise, wie man sagt, daß Sprache gesendet wird), die Sprache einsetzt, die abhanden gekommen ist. Die angewandte Methode der freien Assoziationen ist die am wenigsten schmerzhafte und die subtilste, da sie so tut, als ob sie ein Komplize der (unbewußten) List des Subjekts ist, das weiterhin der Illusion unterliegt, es würde von etwas anderem sprechen.

Sade wäre nun, bis hin zur Karikatur, das Positiv der Neurose. Nur wenige Schriftsteller haben so viel geschrieben, kein

---

50 Apollinaire.

anderer war so lange im Gefängnis, ohne daß er von der Bastille bis zur Conciergerie, von Charenton bis Bicêtre oder Sainte-Pélagie auch nur einen Tag die Feder aus der Hand gelegt hätte. Wenn die Neurose nicht oder nur in fremden Ideolekten oder Körpersprachen spricht, so wird Sade dadurch zum Positiv der Neurose, daß er unaufhörlich, gleich einem Vulkanausbruch, redet. Und es ist wirklich glühende Lava, das Pech der Hölle, was aus seiner Feder emporschießt, die ebensowenig Ruhe kennt, wie die von ihm beschriebenen Opfer. Letztere winden sich in den Schmerzen, die er ihnen zufügt, unter den raffiniertesten Qualen, die er erfindet; diese elenden Körper, diese zuckenden Fleischhaufen, die an allen natürlichen oder künstlichen Körperöffnungen durchstoßen und durchbohrt werden, um die Wollust zu steigern, die kein Ende finden kann.

Wenn man an das Wort von Hegel denkt (»das Wesen des Judentums ist der objektive Geist«), kann man sagen, daß Sade, ebenso wie Freud, Jude ist. Nur, daß die sadesche Gewalt bei Mißhandlungen stehenbleibt, die, so schrecklich sie auch sein mögen, niemals zum Tod des Opfers führen dürfen. Wenn das doch geschieht – es gibt immer Unfälle –, ist das sadesche Projekt in der Tat gescheitert. Ein dummer Zufall – die Schwäche des Opfers, ein zu starker Einsatz des Henkers: niemand ist vollkommen – beraubt den Henker, dessen Phantasie ebenso brennend darauf gerichtet ist, unzerstörbare Bindungen zwischen ihm und seinem Opfer herzustellen. *Der absolute Besitz erfordert die absolute Folter.* Das ist der Sieg des objektiven Geistes. Dieser Körper hier, von mir in allen möglichen Winkeln aufgebaut, in der Hin- und Hergerissenheit des Fleisches, in der gewaltsamen Bearbeitung aller Eingänge, mit Sperma, Urin und Fäkalien bedeckt, das Fleisch aufgeplatzt und blutend, dieses Ding, das keinen Namen mehr hat, ist auf sein mineralisches Leben reduziert: weniger als ein Objekt.

Wenn Freud die Anfänge der menschlichen Gemeinschaft in der mythischen Zeitlosigkeit der Urhorde ansiedelt, knüpft er an den von Hegel kritisierten objektiven Geist an. Das Kind ist bereits von Geburt an ein polymorph Perverser – im Einklang mit Diderot, der Kleinode liebte und sie unter indiskretem Geplauder fröhlich aufeinanderstoßen ließ und der nicht zögerte mit seiner vollen Autorität zu unterstützen, daß »ein Kind, wenn es die Kraft von Erwachsenen hätte, seinen Vater töten und mit seiner Mutter schlafen würde«[51] – und die Geschichte der Menschen ist nicht die, *insgesamt recht milde*, von Sade, sondern die des Mordes, der von Generation zu Generation weitergeht, ohne daß eine Hoffnung besteht, daß die Verkettung unterbrochen wird. Die Söhne töten den Vater und bemächtigen sich seiner Frau, ihrer Mutter. Die Juden töten Moses und wiederholen so die inchoaktive und antike Heldentat der Söhne; später dann Jesus. Allein Laios versucht das Unmögliche und will den Lauf des Schicksals zu seinen Gunsten wenden. Aber die Götter sind wachsam. Er wollte Ödipus töten (vertraut der ersten Eingebung, sie ist die richtige), aber er machte den langfristig tödlichen Fehler (aber zu seiner Entlastung führt Laios kein Leben, das wie jedes Leben, den Zufällen der Existenz unterworfen ist, er hatte nur ein Schicksal, das höheren Ortes festgelegt war), diese Aufgabe, die einen besonders gehorsamen und ergebenen Diener erforderte, den Händen eines unzuverlässigen Dieners anzuvertrauen. Was geschehen mußte und was ihm pflichtgetreu vom Orakel verkündet worden war, geschah an der Kreuzung, an der Laios ein im Himmel festgelegtes Treffen mit einem Sohn hatte, der schon lange, aufgehängt an den durchbohrten Füßen, die Beute wilder Tiere hätte sein sollen und unter den Toten weilen müßte.

Aber diese unwahrscheinliche Geschichte, die zwar grie-

---

51 Vgl. GW XI, S. 350 und XVII, S. 119 [A. d. Ü.]

chisch, aber genauso verlogen ist, wie laut Epimenides[52] die Kreter, war nicht nur ein erfolgreiches Theaterstück, das ihrem Autor die Bewunderung der Griechen und den ersten Preis (den Prix-Goncourt von Hellas) einbrachte, sondern ist in Wirklichkeit ein Plagiat, das – mit allen Veränderungen, die jedes geschickte Plagiat der ursprünglichen Vorlage hinzufügt – eine Tragödie nacherzählt, die in die dunklen Jahrhunderte zurückgeht (Jahrhunderte, die so dunkel waren, daß es nicht mehr möglich ist zu sagen, was wirklich passiert ist, daß es nicht mehr möglich ist zu sagen, was eine schwarze Katze in dieser Schwärze getrieben hat), bis hin zu Streitigkeiten, die, wie ich fürchte, in der Massakrierung des Urvaters durch die verbündeten Söhne, so wie bluttriefende Krimis im Moment der Hochspannung, ein böses Ende nahmen. Diese durch Gerüchte überlieferte Geschichte der Raserei, die von keinem geringerem erzählt wird, als von Freud höchstpersönlich, ist die Geschichte der menschlichen Gattung von Kain bis auf den heutigen Tag – dem 17. Januar 1990 –, an dem ich schreibe und an dem sich in Paris die gleichen Verbrechen, die allerdings nicht der Geschichte der Antike angehören, bis hin zu meiner Couch fortsetzen.

Die Opfer von Sade, die auf dem Wege dieser blutigen Geschichte scheinbar verloren gegangen sind, sind enge Verwandte derjenigen, die die Geschichte – zumindest die Geschichte der Antike – der Menschheit bevölkern. Bei Freud ist der Vater das radikal objektive Prinzip. Der Vater, der den Kastrationskomplex auslöst, braucht das in seinem realen Verhalten nicht sein, also in der Drohung, die er formulieren kann oder deren Träger oder Sprecher er sein kann. Er ist der Kastrator, nicht aufgrund eines objektiven Verhaltens, sondern vom Wesen her, also aufgrund einer abstrakten Kategorie, die aus ihm einen transzendentalen Kastrator macht. Am Ende

---

52 Vgl. GW XV, S. 190: »Ein Kreter sagt: Alle Kreter sind Lügner.« [A. d. Ü.]

des *Wolfsmannes* wird das ganz deutlich. Als die tatsächlichen Ereignisse, die dem Kind zugestoßen sind, der Rolle des Kastrators widersprechen, die dem Vater von *der Theorie* zugeschrieben wird, zieht Freud sich aus der Klemme, indem er auf Kant zurückgreift, um die determinierende Rolle von »philosophischen Kategorien« hervorzuheben.

Noch weniger als der abstrakte Vater bei Freud sind die Opfer bei Sade menschliche Wesen, sie sind rein passive Objekte, die sich jeder Willensregung, jeder Laune des Herrn beugen. Diese zerfetzten, gemarterten Fleischmassen, deren Körperöffnungen alle penetriert und vergewaltigt werden, gehören nicht zu den Wesen derselben Gattung wie der Henker. Sie verlassen die Menschheit, ohne jedoch zu einer animalischen Natur zu gelangen. Sie sind nur noch *Maschinen*, die Quintessenz des Objektiven. Aber der Henker hat sich eine Grenze gesetzt, jenseits derer, falls sie überschritten wird, sein Projekt sich selbst vernichtet.

Man beobachte ein Kind, das sein Spielzeug auseinanderbaut, um zu sehen, »wie das funktioniert«, und das angesichts dieser zerstörten Maschine, die nunmehr nutzlosen Einzelteile um sich herum verstreuend, lieber in Tränen ausbrechen möchte, als sich darüber zu freuen, daß es den Mechaniker gespielt hat.

Alle zugefügten Qualen, die erlittenen schweren Demütigungen dürfen bei Sade die folgende absolute Schwelle nicht überschreiten: *das Opfer darf nicht sterben*. Ein Toter ist nichts mehr. Das ihm wesentliche Empfindungsvermögen, das benötigt wird, damit die eigene Sinnlichkeit in Bewegung gesetzt wird, ist vernichtet. Ein Toter geht wieder in die Natur ein, und niemand hat jemals den geringsten Lustgewinn daraus gezogen, einen Felsbrocken auszupeitschen. Nur so ein Verrückter wie Darius, für den Sade nur ein verächtliches Lächeln übrig gehabt hätte, geißelte das Meer, das ihm feindlich gesonnen war. Sade ist weit davon entfernt, wahnsinnig zu sein. Er ist ein

Aristokrat, er zeigt die Arroganz, die seinem Rang gemäß ist, und er wäre niemals auf die Idee gekommen, diesen Rang anzustreben, weil er *angeboren ist* – dummes Geschwätz –, sondern weil er diese Überlegenheit aus der verfeinerten Höhe eines kühnen Geistes zieht, wie es ihn in der Geschichte der Menschheit noch nie gegeben hat. Und überdies ist Sade, neben anderen bedeutenden Eigenschaften, die ihm eigen sind, *schamhaft*, wie Jean Paulhan[53] gesagt hat.

53 Jean Paulhan, *Œuvres complètes*, IV, Paris 1969.

Die Verlockung
des sadeschen Projekts

Die Frustration, die der Tod des Opfers bei Sade hervorruft, ergibt sich daraus, daß die Existenz des Opfers sowohl das Scheitern seines Projekts als auch das wahre Wesen dieses Projekts entschleiert. Man unterwirft sein Opfer nicht derartig vielen Prüfungen, um es dann dorthin entschwinden zu sehen, wo es nicht mehr erreichbar ist. Das Opfer muß immer da sein, sich beklagen, weinen, demütig bitten, und letztendlich versucht es niemals, aufgrund einer Komplizenschaft, die ihm selber entgeht und die ihm Entsetzen bereiten würde, wenn es nur eine Ahnung davon hätte, von sich aus zu entfliehen oder gar eine Flucht zu planen, und, falls dies nicht realisiert werden kann, zu entkommen, indem es sich selber umbringt. Man kann nicht Herr über einen Kadaver sein. Auch hier noch zeigt sich die Verwandtschaft von Sade und Hegel. Weil der Henker die Seele eines Herrn hat, akzeptiert er es zu sterben. Er geht Gefahren ein. Das ist für ihn kein Problem, denn er ist immer reich, verfügt über Diener, die ergeben sind bis in den Tod, er kann seine Opfer in die schönsten Schlösser locken, die in den schönsten Teilen des Landes liegen, und er ist nicht dem Zugriff des Gesetzes ausgesetzt. Nun hat man bereits gesehen: Sade hat den größten Teil seines Lebens in Gefangenschaft verbracht. Der freieste Geist, schrieb Paulhan, war zugleich auch der am meisten eingeschlossene Körper. Aber Justine flüchtet nicht. Mademoiselle de Faxelange, die zur mißbrauchten Gattin eines großen Verbrechers wurde, hat nicht den Mut zu sterben, aber erklärt sich bereit, die Befehle ihres Gatten zur Hinrichtung von Gefangenen zu übermitteln. Die Liste dieser Fälle im gesamten Werk von Sade ist ebenso unerschöpflich wie umfangreich, unendlich weit ausgedehnt und beunruhigend wie seine Zornausbrüche.

Dann kommt ein wohlbekannter Tag, die Bastille wird gestürmt. Und bei dieser Erstürmung geht das Manuskript der *Hundertzwanzig Tage von Sodom* verloren, so glaubt zumindest Sade. Nach seinen eigenen Worten hat er »blutige Tränen« vergossen, weil die Menschheit dadurch um ein Werk gebracht wurde, in dem Sade die Geringschätzung und den Haß zum Ausdruck bringt, die er für sie empfindet. Auf den ersten Blick, ein Paradox. Diese blutigen Tränen sind ebenso *tale-telling* wie die Geschichte vom verräterischen Herzen bei Poe.[54]

Aber man muß das falsche sadesche Paradox in seiner ganzen Ausdehnung erfassen. Dieses Paradox wird von den unendlichen Beweggründen verborgen, die an der Oberfläche dieses gewaltigen Laboratoriums des Verbrechens, der unaufhörlich wiedererfundenen Folter und der tausend Leiden eine Rolle spielen, die Sade seinen imaginären Opfern zufügt – denn Sade war vor allem ein *Papiertiger*. Er selber hat in seinem Leben viel mehr – unendlich mehr – gelitten, als Leid zugefügt. So imaginär, wie sein Werk gewesen ist, und so harmlos, wie die Mißhandlungen gewesen sind, die er *wirklich* jemandem zugefügt hat, er ist trotzdem der Autor seiner Bücher, und in diesen gibt es genauso viele wilde Phantasien wie in unseren eigenen Träumen. Das ist mit das erste, was wir von unseren Patienten lernen, die sich auf die Unwirklichkeit der Traumwünsche berufen, um sich zu rechtfertigen.

---

54 Vgl. E. A. Poe, *The Tell-Tale Heart* (1843). [A.d.Ü.]

Was Sade will, ist das, was wir alle wollen, und eben darin liegt die Größe von Sade, die so lange gebraucht hat – und noch immer braucht! – bis sie erkannt wurde und bis sie überdies als Bestandteil unserer Menschlichkeit anerkannt wurde. Gewiß, wir brennen nicht mit derselben Heftigkeit – und auch nicht mit derselben Kraft, die unsere Untergründe erleuchtet –, aber aus jedem von uns, und ich spreche nicht von unseren Couchen, entweichen verräterische Rauchschwaden, die darauf hinweisen, daß es keinen Rauch ohne Feuer gibt. Sade will die absolute und ungeteilte Herrschaft über dieses Objekt da: die Verwirklichung der hegelschen Herausforderung. *Sade ist Hegel in actu.* Er bejaht die größte Verachtung des Menschen, der für ihn nur ein fügsames Opfer ist. Es gibt hier so etwas wie einen ehebrecherischen Nietzscheanismus, der in seinem Geist ebenso mißbräuchlich angeeignet wird, wie jene würdelose Einvernahme durch die Nazis. Nichts ist schlimmer, als das sadesche Projekt mit seiner Realisierung in den Konzentrationslagern zu vergleichen. Genet hat nicht gezögert – sicherlich, weil er sich herausgefordert fühlte –, die Nazis zu beweihräuchern, und das in einer einzigartigen Art und Weise, die eher seiner eigenen ethischen und sexuellen Einzigartigkeit entsprach. In *Der Nachtportier* hat Liliana Cavani eine Fassung davon geliefert, die zwar schockierend sein mag, aber die darum nicht weniger einen scharfen Blick auf die Doppeldeutigkeit der Beziehungen von Opfer und Henker ermöglicht.

Man hat noch nicht ausreichend begriffen, bis zu welchem Punkt die Reichweite des zugefügten Schmerzes, die rastlose Erfindungsgabe (ich meine nicht die Schlaflosigkeit des Opfers, sondern die es Henkers), die unendlichen Wonnen, die in der Seele des Henkers durch jede zugefügte Qual hervorgerufen werden, jeder Blutstropfen, der aus diesem Körper herausquillt, die Tränen, die seine Hände bedecken, jene Darmentleerungen, mit denen er sein Opfer überschwemmt, die demütigen Bitten, die er einem Mund entlockt, der indessen keinerlei Zeit dazu hat, da er andere Aufgaben erfüllen muß; all diese Öffnungen, diese Kanäle und penetrierten und vergewaltigten Engpässe, die ungestüm vergrößert werden, damit die herrischen Geschlechtsorgane, die noch gewaltiger, noch verwüstender als die Waffen sind, die von einer außer Rand und Band geratenen Soldateska im Schein von Feuersbrünsten eroberter Städte benutzt werden, all das sind die Beweise, die Sade unermüdlich anhäuft, um sich zu versichern, *daß er der einzige Herr ist*. Er verfügt über das Leben seiner Opfer, aber es genügt ihm – und das ist wesentlich –, daß er es weiß; der Tod wäre ihm widerwärtig, weil er ihn auf ewig seines Opfers berauben würde, während das Opfer, das aufgrund seiner liebevollen Bemühungen in Ohnmacht gefallen ist, welche Freude, welcher Triumph, welche Verheißung von neuen und künftigen nie dagewesenen Wonnen, bei dieser Rückkehr zum Leben, zu diesem Leben, das ihm gehört, seine *Göttlichkeit* bezeugt. Glaubt man denn, es war ein Zufall, daß man ihn als »göttlichen Marquis« bezeichnet hat?

Alphonse Donatien, Marquis de Sade, wurde in einem Schloß geboren, und selbst wenn er rauheren Zufällen ausgesetzt war, als sie andere für viel schlimmere Schurkereien erleiden mußten, die nicht nur solche, recht unschuldigen, auf tausenden geschwärzten Seiten waren, die Familie, selbst die Marquise de Montreuil, seine erbittertste Feindin, noch weniger seine Frau, die ihn zweifellos mehr liebte als er es verdiente... – aber nach was bemessen sich die Verdienste, die uns die Liebe einer Frau erringen? »Die große Frage, die nie beantwortet worden ist«, gestand Freud gegen Lebensende Marie Bonaparte, »und die ich trotz dreißig Jahre langem Forschen in der weiblichen Seele nicht habe beantworten können, ist die: ›Was will das Weib?‹.«[55] Und die kleinen Sünden, die Sade

55 Vgl. Ernest Jones, *Das Leben und Werk von Sigmund Freud*, Bd. 2, Bern/Stuttgart 1962, S. 493. [A. d. Ü.]

begangen hat, sind in Anbetracht der Sitten der Zeit und der Nachsicht einer Klasse, die sich über so etwas nur entrüstete, um noch besser ein Volk zu betrügen, das sich nicht glauben machen durfte, zu ebensolchen Ausschweifungen berechtigt zu sein, relativ läßlich. Die Aristokratie will – wie alle herrschenden Klassen –, daß die Ordnung unten für die Unordnung oben bezahlt. Die herrschende Klasse ist sehr um ein Gleichgewicht bemüht, das sich zugunsten sowohl ihrer Freiheiten wie ihrer Ausschweifungen auswirkt, und zwar zu den Zeiten und nach den Modalitäten, die sie selber festlegt.

Halten wir nur fest, in welchem Maße das Geld der Hauptfaktor der Freiheiten dessen ist, der über sie verfügt. Die schwarzen Zeremonien, in denen Sade sich auszeichnete, hätten in einem schäbigen Rahmen nicht stattfinden können, das hätte ihre Ästhetik zerstört. Nur der größte Luxus ist angemessen, abgelegene und prächtige Schlösser, und untertänige Diener, die aber ebenso gnadenlos sind wie ihre Herren, die allerdings aus diesen eilfertigen Diensten auch noch etwas anderes beziehen als eine Anerkennung, von der man ihnen beigebracht hat, sie zu verachten. Das Gold zirkuliert von oben nach unten und bemißt durch seine Exzesse alle anderen, die es ermöglicht.

Monsieur und Madame de Faxelange besitzen dreißig bis fünfunddreißigtausend Pfund an Renten und hatten als »einzige Frucht ihres Hymens« nur eine Tochter, »schön wie die Göttin der Jugend selber«. Monsieur de Belleval setzt Kuppler ein, um Mademoiselle de Faxelange mit dem Baron de Franlo zu verheiraten, der, wie man sagt, ertragreiche Güter in Frankreich und prächtige Anwesen in Amerika besitzt. Monsieur de Faxelange will sich Gewißheit über den möglichen Gatten seiner Tochter verschaffen. Er spricht mit dem Minister, der ihm versichert, daß der Anwärter auf die Hand von Mademoiselle de Faxelange, also Monsieur de Franlo, einer der Männer aus dem Gebiet des Vivarais sei, der am meisten wert war und über die größten Reichtümer verfügte. Der nunmehr beruhigte Monsieur de Faxelange setzte also alles daran, diese vortreffliche Angelegenheit zum Abschluß zu bringen. Man einigt sich auf eine Mitgift von Vierhunderttausend, was eine »ernste« Lücke in das Vermögen von Monsieur de Faxelange reißt, der allerdings zustimmt, weil er nur eine einzige Tochter hat, und »eines Tages mußte alles zu ihm zurückfließen«. Das Geld war kein Selbstzweck. Nur ein schlichtes Mittel, das für das ausreichen konnte, was es einem verschaffen sollte. Das Geld machte es möglich, jene barbarischen Hochzeiten und satanischen Bacchanalien prachtvoll zu organisieren; Exzesse des Luxus, die kostspielig in abgelegenen, geheimen Wohnstätten inszeniert wurden, verborgen an außergewöhnlichen und schreckenerregenden Orten, deren Anblick die Opfer einschüchtern sollte, die sich angesichts der gewaltigen Macht, die durch dieses mit vollen Händen hinausgeworfene Geld bezeugt wurde, nur resigniert in das grausame Schicksal ergeben konnten, dem sie nicht entgehen konnten, weil die Macht des reichlich vorhandenen Goldes sie mit seiner vernichtenden Kraft beherrschte und überdies ihre eigene ohnmächtige Verlassenheit hervorhob.

ÜBER MIR GIBT ES
NUR MICH

In Fellinis Film *Schiff der Träume* wird eine Gruppe der berühmtesten Sänger auf einem Luxusdampfer zur Begleitung des Sarges ihrer Freundin und Gesangs- und Schauspielkollegin eingeschifft, um deren letzten Willen zu erfüllen. Sie hatte sich gewünscht, daß all ihre Freunde und Verwandten sie auf ihrer letzten Reise zu den Ufern der Insel begleiten sollten, wo sie die Stätte ihrer letzten Ruhe finden wollte.

Der Kapitän des Schiffes, der es seinen vornehmen Gästen zeigen wollte, begann der Rundgang mit dem normalerweise recht bedrückend wirkenden Maschinenraum. Von einem Laufsteg etwa zehn Meter über diesem beobachtet die Trauergesellschaft die Männer, die die Maschinen und Kessel in Gang halten müssen – halb nackt, rußgeschwärzt, Schweiß rinnt den von den schweren Schaufeln gebeugten Rücken herab.

Zweifellos in einem Anfall von Großzügigkeit, um ihnen zu danken und ihnen, wenn möglich, eine Abwechslung zu verschaffen, stößt ein erster Sänger eine schüchterne Note aus, die diese Verdammten des Meeres kaum hören können. Ein zweiter nimmt sie sofort auf und setzt sie lauter fort; dann fällt ein dritter noch lauter ein, dann ein vierter, ein fünfter, jeder immer lauter, jeder versucht, die lauteste Note des Vorgängers zu überbieten. Es ist nicht sicher, ob ihr Publikum, das nur wenig mit der großen Musik und den berühmtesten Stimmen der Zeit vertraut ist, diese Bemühungen geschätzt hätte. Das einzig gewisse bei diesem lächerlichen und gemeinen Spiel ist, daß letzten Endes einer nach dem anderen die Stimme verliert. Jeder ist bereit, diese Gefahr, eine Metapher ihres eigenen Todes, einzugehen, um – selbst vor diesem Publikum von Heloten – den Kollegen und vor allem den Freund zu überbieten.

Der Gegensatz wird auf eine Spitze getrieben, die für die Zuschauer um so dramatischer ist, als die Histrionen, die über dieser metonymischen Hölle ihren narzißtischen Ruhm besingen, sich ihrer Lage völlig unbewußt sind. Histrionen, die sich nur durch die räumliche Stellung, durch diese pathetische und lächerliche Szene und auch durch den Luxus dieses Kreuzschiffes, das noch besser zum Ausdruck bringt, was alles sie von diesen Sklaven trennt, in dieser erhöhten Position befinden. Diese Sklaven sind nicht einmal *Zuhörer*, die einzigen Zuhörer sind die Kollegen – die Rivalen –, die es als erster und bester zu schlagen gilt. Die da unten, die scheinbar die Objekte dieses agonalen Spieles sind, sind kaum noch Objekte: sie sind Roboter, die der Ruß bedeckt und verbirgt, bis sie aus dieser Menschheit ausgeschlossen werden, der nur diejenigen angehören, die *oben* stehen.

Wenn in den angelsächsischen Ländern sich jemand ein Haus bauen lassen will – das nur seine eigene Metonymie und die zwangsläufig grandiose Projektion seines eigenen Narzißmus ist – und zum Architekten sagt: *money is no object*, dann bedeutet das genau das Gegenteil von dem, was seine Worte sagen: der ganze Sinn meines Vorhabens besteht darin zu zeigen, daß ich über unerschöpfliche Geldmengen verfüge. *Ich bin dieses Geld*, und ebenso unerschöpflich wie dieses Geld. Ich kann mich nicht übernehmen. Je mehr ich ausgebe, um so mehr fließt es mir zu, ich bin mächtiger als König Midas, dieser Arme, der nur Gold hatte und erbärmlich verhungerte, ich verfügte über dieses Zaubermittel, das mir alles verschaffen kann, und sei es, wer weiß, selbst die *Unsterblichkeit*.

Was will Charles Foster Kane, wenn er sich von der Nichte des Präsidenten der Vereinigten Staaten trennt, um eine jämmerliche Sängerin (was ihm bekannt ist) zu heiraten, und beschließt, für sie ein Opernhaus bauen zu lassen und aus ihr eine berühmte Operndiva zu machen. Es geht nicht darum, aus ihr eine große Künstlerin zu machen, er weiß sehr wohl, daß sie keine ist, sondern darum, ihr genügend Gesangsstunden bei den größten Meistern – wie etwa bei dem verzweifelten und komischen Italiener – zu verschaffen, damit sie sich auf der Bühne wenigstens nicht lächerlich macht. Er will beweisen – und sich selbst davon überzeugen –, daß das *Vermögen*, daß Geld und Macht, wie Freud notierte, genügen, um die ganze Welt zu zwingen, eine *miese* Sängerin zu bewundern. Zur überschwenglichen Bewunderung der Mittelmäßigkeit *zu zwingen*, bedeutet, sich das Vergnügen zu verschaffen, dieses Herden-Publikum zu erniedrigen, das in Wirklichkeit nur noch das Wunder beklatscht, das noch verblüffender als die Vermehrung des Brotes ist, nämlich das Wunder einer Kabarettsängerin, die wie die Callas behandelt wird.

Als sein Jugendfreund, hin- und hergerissen zwischen seiner Freundschaft zu Kane und seiner Kritikerehre, sich für letztere entscheidet und einen Verriß der Sängerin schreibt, sich dabei aber betrinkt und über seinem Manuskript einschläft, beendet Orson Welles den Text im selben Ton, den er eher noch verschärft, um zu zeigen, daß selbst eine verheerende Kritik, die in seiner eigenen Zeitung veröffentlicht wird, es nicht verhindern kann, daß seine Sänger-Gattin beweihräuchert wird. Und Lobhudelei, von der er nicht genug kriegen kann, ist genau das, was er anstrebt.

Das Recht der ersten Nacht wirft das Problem auf, ob die Jungfräulichkeit an sich einen hohen Preis hatte oder ob es das Begehren (oder schlichtweg ein Recht einer Rechtsprechung, das *jus*) des Grundherren ist, das durch die Identifikation mit seiner eigenen Größe diesen – außergewöhnlich hohen – Preis für etwas festgesetzt hat, das an sich (aber was heißt hier »an sich«?) keinen Preis hätte. Oder ob es nicht umgekehrt der Wert dieses *jus primae noctis* ist, der den Grundherren dazu gebracht hat, dieses Privileg zu fordern. Sobald man die beruhigende Sphäre des Gütertausches verläßt und in die Bereiche des symbolischen Tausches eindringt, in denen die Grenzen unscharf und verschwommen sind, weiß man nicht mehr so genau, was was ist.

Jedenfalls ist es der *Herr* (der den gleichen Namen wie Gott hat), der sich dessen bemächtigt, was er für das Wertvollste hält. Nicht für sich, das ist ihm egal, er hat tausend Frauen, sondern für den künftigen Ehemann. In meiner Muttersprache bezeichnet man das Hymen als »den Rahm der Milch«. In meinem Heimatland betet man ihn an. Man sieht also: man kann Hegel niemals völlig entkommen.

Das Mädchen hat kein eigenes Gut, außer dem, was der Herr für eine gültige Austauscheinheit hält. Das Mädchen gehört ihm nur zum Teil. Die sozio-ökonomischen Regime haben gewechselt, die Sklaverei ist der Knechtschaft gewichen. Das Mädchen muß dem Herrn weiterhin einen Teil von sich geben, und zwar genau den, den der Herr für den kostbarsten hält. Seine Wahl bezeichnet auf der Skala möglicher Werte nichts Absolutes. Es ist seine Wahl, die die Jungfräulichkeit in den kostbarsten Besitz des jungen Mädchens erhebt, denn es steht uns frei, uns einen sozio-kulturellen Kontext vorzustellen, in dem die Jungfräulichkeit keinen Preis hat, weil sie keine Anziehungskraft ausübt, und wo sie sogar – siehe Freud und *Das Tabu der Virginität* – als eine Last angesehen wird, die noch schlimmer als eine Gefahr ist, die man besser dem Herrn oder dem Priester überläßt. Man kann noch weiter gehen und sich vorstellen, daß es für diesen *ersten Dienst* einen Ausgleich, zum Beispiel in Geld, gibt; so wie bei jenen englischen Lords, die ihre Butler großzügig dafür belohnten, daß sie ihnen ihre neuen Schuhe einliefen.

Es war vorhersehbar, daß sich im Rahmen der begehrten Dinge – es ist hier unwichtig, die Genese dieser Bewertung zu kennen – die Begierde auf das richtete, was den kostbarsten Besitz des jungen Mädchens ausmachte: auf das Innere seines Körpers, das heißt, auf den einzigen metaphysischen Ort, der dem anderen Ort ähnlich und doch völlig verschieden von ihm war, der begehrt und verboten war, nämlich der der eigenen Mutter, zu dem keine Macht der Erde – kein Goldgebirge – ihm hätte Zugang verschaffen können.

Schließlich konnte Freud – hier einmal optimistisch – daraus sogar folgern, daß auf diesem Markt niemand betrogen wird. Das junge Mädchen hat das Recht erlangt, sich zu verheiraten und über seinen kaum beschädigten Körper zu verfügen. Und überdies: sagt man nicht, daß es nur drei Dinge gibt, die keine Spur hinterlassen: der Fisch im Wasser, der Vogel im Himmel und der Mann in der Frau? Und hat der Herr, der den Rahm der Milch abgeschöpft hat, dem künftigen Ehemann nicht die Angst vor dieser *prima noctis* erspart?

Die Bereicherung und die Anhäufung von Reichtümern könnten in der Ordnung der allgemeinen Ökonomie, auch in der freien Wirtschaft, als eine Art von Äquivalent für die antientropische Kraft des Lebens selbst verstanden werden. (Als man Harpagon seine Geldkassette raubt, stößt er einen wirklich herzzerreißenden Schrei aus: »Gerechter Himmel! Ich bin verloren, man hat mich ermordet, man hat mir die Kehle durchgeschnitten.«) Auch wenn dieser Kampf gegen die Entropie immer verloren wird, so geschieht das im allgemeinen spät genug – wenn auch, nach dem Dafürhalten des Subjektes, niemals spät genug; aber wenn es diese Kraft des Lebens nicht gäbe, das, wie es eine klassische Definition in tautologischer Weise ausdrückt, die Gesamtheit der Kräfte ist, die dem Tod entgegengesetzt sind, dann würde das Leben nicht länger dauern als ein Herzschlag. Das Leben kann sich nur erhalten, weil es unaufhörlich Gegen-Entropie schafft. Alle Mechanismen der biologischen Abwehr präsentieren sich als etwas, das in der Lage ist, die Fragilität der Lebensmechanismen der unaufhörlichen Einwirkung der Destruktionskräfte und dem Sinken der Barrieren, die den Tod in Zaum halten, zu entziehen.

Die Anhäufung von Reichtümern, der *Akkumulationstrieb*, steht auf der Seite des Eros. So wie die Lebenskräfte, tendiert der Reichtum dahin, zu vergehen, verschwendet zu werden. Wie jedes Leben damit endet, daß es vergeht, endet jeder Reichtum damit, daß er verschwendet wird. Bataille hat zu diesem Thema sehr wichtige Dinge gesagt. Vater Grandet indessen häuft nur deshalb so viele Reichtümer an, um gegen das Anwachsen der Entropie anzukämpfen, was zu einem Vermögen führte, das mit jener geduldigen List angehäuft wurde, mit der eine auf der Lauer liegende Spinne ihr Netz spinnt, in dem sich, wie die Fliegen, die Narren einfangen lassen sollen; er verfügt über eine Art von tierischem Genie, von Mimesis, die bewirkt, daß seine Augen beim Betrachten seines Goldes einen goldenen Farbton annehmen. Diese vielen Reichtümer wurden allerdings angehäuft, um später von seinem *Töchterchen* Eugénie vergeudet zu werden, welche in ihrer Verschwendungssucht nur die Hand des Schicksals ist, die für einen Ausgleich und den Abbau von Spannungen sorgt – hier der Tod, dort der Ruin oder die Armut. Die Heiligkeit von Eugénie ist eine der Formen von Listen, die aus der Geschichte, der Ökonomie und dem *Tod* zusammengesetzt sind.

Wenn es einen Todestrieb gibt (was zweifelhaft ist), dann gibt es auch einen Gegentrieb, eben jenen *Akkumulationstrieb*, der wie eine gegen-entropische Kraft wirkt. Er bildet einen Feuerschutz, entfernt den Tod mit dem tief eingewurzelten Phantasma, daß er gebannt werden kann, wenn die angehäuften Güter nur gewaltig genug sind.

Wenn Charles Foster Kane sein Xanadu baut und ihm delirierende Ausmaße gibt, in denen Reichtümer angehäuft werden, die nicht ihresgleichen auf der Welt haben, läßt er sich kein Mausoleum, sondern einen *Bunker* gegen den Tod bauen, den eine derartige Verschwendung von Geld vielleicht abschreckt, sich seines Eigentümers zu bemächtigen.

Gibt es etwas anderes als Gold, das Gegenstand von so vielen Mythen, Erzählungen und Märchen gewesen ist? Gibt es einen anderen Traum, von dem die Menschen derartig besessen waren, als den vom *Eldorado*? Oder den der Alchimisten? Ein Mythos ist kein Phantasiegebilde, kein Spiel der Imagination. Die Fabel spielt eine lebenswichtige Rolle. Die *fabulatorische Funktion* ist für die Ordnung des Seelenlebens ebenso notwendig, wie die Atmungsfunktion in der somatischen Ordnung. Die fabulatorische Funktion hat eine vorausweisende Wirkung, sie bricht den *Bann* und signalisiert Gefahren. Odysseus, der listenreiche Odysseus läßt sich am Mast festbinden, um nicht vom Gesang der Sirenen verzaubert zu werden. Er hat als erster ein *Apotropäum*, ein Mittel gegen Unheil und Zauberei, benutzt.

In der Ordnung der Natur unterscheidet sich das metaphorische *analogon* zur fabulatorischen Funktion beim Menschen durch eine unendliche Variierbarkeit des Fabulierens im Verhältnis zur Strenge der instinktiven adaptiven Mechanismen. Man erinnere sich hier an *Die beiden Quellen der Moral und der Religion* von Bergson, wo er zeigt, daß die fabulatorische Funktion und die instinktiven Mechanismen auf das gleiche Ziel hin arbeiten: das Überleben der Gattung.[56]

Die Mimesis, die so deutlich aus der Kraft der Anpassungsmechanismen hervorgeht, die das Leben von Gattungen ermöglichen, welche gefährdet sind, weil sie durch den Farbkontrast für den Verfolger allzu *sichtbar* sind, ist nicht so einfach, wie es

---

56 Vgl. Henri Bergson, *Die beiden Quellen der Moral und der Religion*, Jena 1933, übers. von Eugen Lerch, Kapitel II. [A. d. Ü.]

den Anschein hat. Noch hier und nahezu im benutzten Wort macht der Anthropomorphismus den Löwenanteil aus.

Der Naturgelehrte projizierte Triebmechanismen auf die Tierwelt, ohne daß man offensichtlich so recht wußte, was das Wort hier bedeuten sollte, es sei denn, daß die Kraft einer Analogie dazu zwang, es an die Stelle einer feineren Begründung zu setzen, an die Stelle einer besser durchgeführten Beobachtung, die aus reinen und spontanen *analogons* zu dem bestanden, was die Listen seiner Vernunft erfunden hatten, um auf subtileren und besser geeigneten Wegen die gleichen Ziele zu erreichen.

Ein Verschwörer, der unerkannt bleiben will, macht es weder wie die Spannraupen, die den frischen Trieben an Bäumen so täuschend ähnlich sehen, daß der Gärtner sie mit der Baumschere durchschneidet, noch wie die Gespenstheuschrecken, auch Wandelnde Blätter genannt, die sich gegenseitig für echte Blätter halten und auffressen. Weil der Verschwörer weder eine Spannraupe noch ein Wandelndes Blatt ist, zieht er, um unerkannt zu bleiben, ein Gewand an, das man als mauerfarben bezeichnet und das er sofort abwirft, wenn die Gefahr vorüber ist, um wieder in den großen Gesellschaftsanzug zu steigen – *er fabuliert* – und sich, ohne sich einem Verdacht auszusetzen, vom Feind empfangen zu lassen, um besser in ihn *eindringen* zu können.

Die Karnevalsfeste und die Bacchanalien waren mimetische Feste. Die *realen* Unterschiede im gesellschaftlichen Leben wurden für eine bestimmte Zeit zu scheinbaren Unterschieden. Die verschiedenen Kostüme und die schrillen Farben dienten nur dazu, in der allgemeinen Illusion einer fabelhaften aber trügerischen Freizügigkeit die wirklichen Verhältnisse zu verschleiern. Alle Welt ähnelte sich in einer radikalen Unähnlichkeit, damit alle der Illusion einer gesellschaftlichen *Einheit* und einer Gleichheit verhaftet blieben, welche die Trennungslinien beseitigte.

Barrieren fielen und Tabus wurden überschritten, solange die Zeremonie dauerte. Für die Zeitspanne einer himmlischen – etymologisch *religiösen* – Heiligkeit hörte eine Gesellschaft auf, durch ihre Widersprüche zerrissen zu sein, gesellschaftliche Auseinandersetzungen und Klassentrennungen wurden ausgesetzt. Der Fürst schäkert mit der Arbeiterin; die Königin läßt ihre Brüste liebkosen und sich auf die Lippen küssen. In der Zauberwelt einer Sommernacht berührt man unter dem Rock einer Kolumbine das in der allgemeinen Glut erhitzte Geschlecht. Eluard sagte, das Paradies existiert, aber hier auf Erden. Diese Feste ließen den Himmel für einen Moment herabsteigen, der zwar flüchtig war, aber eine Entspannung des gesellschaftlichen Drucks erlaubte, weil jeder Arme sich einreden konnte, daß nichts verloren war, daß die Verschwendung, das heißt die Allmacht, das heißt die Unsterblichkeit, die er in der überhitzten Zeit des Festes erlebte, nur ein Vorschuß, die Vorahnung einer möglichen Zukunft war. Dieser leuchtende Moment, in dem wunderbarerweise plötzlich alles möglich war, dieser Moment, in dem die *Fabulation des Festes* ihn in Gott verwandelt hat, wenngleich, wie er weiß, auch nur vorläufig, flüchtig, beim ersten Hahnenschrei vorbei, von dem weiß er auch, daß der griechische *Sorites* nicht lügt: ein Korn, dem ein anderes Korn hinzugefügt wird, bleibt lange Zeit allein, aber eines Tages werden sie einen Haufen bilden. Die erste griechische Form der *Aufhebung*.

Der ganze Ablauf des Karnevalfestes ist weder eine Erzählung, noch ein Märchen oder ein Mythos, sondern all das zugleich, allerdings mit dem Unterschied, daß er die vollendete Form der *fabulierenden Funktion in actu* ist.

Wenige Phantasmen sind so verbreitet und nehmen einen derartigen Platz in der psychoanalytischen Theorie und Praxis ein, wie die Furcht, die dem Mann das dennoch für schwach gehaltene Geschlecht seiner sanften Gefährtin einflößt. Weiter oben habe ich erwähnt, was Freud zum Tabu der Virginität geschrieben hat.[57] Die Praktiken der Gottesanbeterin bilden zusammen mit dem Phantasma der mit Zähnen versehenen Vagina einen anderen Kristallisationspunkt, durch den die Biologie die Todes- oder Kastrationsgefahr zu bestätigen scheint, die mit dem Geschlechtsakt verbunden ist. In diesen Mythen findet das Unbewußte seine aus unvordenklichen Zeiten stammenden Befürchtungen bestätigt. Die Gottesanbeterin führt den Mythos praktisch vor.

Der Mythos ist keine Erzählung, kein Fest der gemeinschaftlichen Erinnerung. Seine Erzählung sagt nicht das, was passiert ist, sondern führt zu einer Wiederbelebung der Ereignisse in dem Moment, in dem sie artikuliert werden. Vergangenheit und Gegenwart gehen eine Verbindung ein, die aus diesen Zeiten ein einziges mytho-historisches Kontinuum macht. Das *illo tempore* des Mythos bildet mit dem *hic et nunc* des Rezitativs nur noch ein Ganzes.

Die Zeit, dieser unbeirrbare Mörder, wird abgeschafft. Diejenigen, die einmal gelebt haben, leben, diejenigen, die leben, werden in der Ewigkeit des Mythos leben. Der Tod wird besiegt, beziehungsweise, er ist *sinnlos geworden*.

Der Sprung von dieser Transzendentalität zu den profanen – man könnte auch sagen profanierenden – Geschichten, die ich heranziehe, scheint gefährlich zu sein. Man wird sehen, daß dem nicht so ist.

---

57 Auf bestimmten Inseln suchte sich der Verlobte, der sich Geld geliehen hat, einen Stellvertreter für die erste Nacht, denn man glaubte, daß die Frauen in ihrer Vagina kleine Schlangen haben, die den Unvorsichtigen töten, der es als erster versucht. Anderswo wird die Defloration mit der Hand oder einem Instrument vorgenommen. Manchmal setzt sich das junge Mädchen auf den Phallus einer Götterfigur.

Umgekehrt kann auch der Mann als gefährlich oder gar heimtückisch erscheinen. So sagte man, daß Minos diejenigen tötete, die er durchbohrte. Anstelle seines Samens führte er Schlangen und Skorpione ein (zitiert bei Roger Caillois, *Le mythe et l'homme*, Paris 1958, S. 78).

Nakobov[58] erzählt mit seinem durch die barocke Eloquenz der Schreibweise gemilderten zynischen Humor die Geschichte einer Mutter, die ihre zweijährige Tochter badet, dabei die Geduld verliert, sie ertränkt und dann im selben Wasser ihr Bad nimmt: das Wasser war noch warm, man durfte es nicht verschwenden. Damit erinnert er an jene Episode bei Turgenjew, in der das Verhalten einer alten Bäuerin eine vornehme Dame schockiert, die sie in ihrer Isba besucht. Die Bäuerin hatte gerade ihren Sohn verloren, aber das hinderte sie nicht, ruhig ihre Suppe zu Ende zu essen, »denn diese war bereits angerichtet«.

Im Vorwort zu *Eugénie Grandet* wird berichtet, daß der echte Grandet, der Balzac als Vorbild gedient hat, nach einer Familientradition die Nacht mit seiner Frau in einer Herberge verbringen mußte. Am Morgen darauf fand er sich neben einem Leichnam wieder. Madame Grandet war in dasselbe Schweigen eingegangen, in dem sie ihr Leben verbracht hatte. Die Angestellten des Beerdigungsinstituts legten ihm einen Kostenvoranschlag für die Beerdigung vor, woraufhin der gute Mann sich zwei Tage Bedenkzeit ausbat, um sich nach Saumur zu begeben und die Maßnahmen für das Begräbnis zu treffen. »Ich werde morgen zurück sein«, sagte er zum Herbergsbesitzer. »Achten Sie darauf, daß niemand das Zimmer betritt, in dem die Verblichene ruht. Im übrigen werde ich auch den Schlüssel mitnehmen.« Als man den guten Mann nach drei Tagen noch nicht wiedergesehen hatte, brach man die Tür auf. Es gab keinen Leichnam mehr: der Bürger aus Saumur hatte ihn in seinem Koffer mitgenommen. Wie man weiß, hat Balzac diese Episode, obwohl sie ihm bekannt war, nicht verwendet. Dazu befragt, antwortete er: ich habe darauf verzichtet, weil dieser Charakterzug *nicht wahrscheinlich wäre, sondern allzu wahr.*

---

58 Vladimir Nakobov, *Die Vernichtung der Tyrannen*. Die Erzählung mit dem Titel »Vasili Shishkov«.

Diese drei Fälle können in der Tat kaum als Beispiele für einen Geiz dienen, der nicht einmal als schmutzig bezeichnet werden kann, da sie derartig auf eine existentielle Metaphysik und auf einen schwarzen Humor verweisen, der so tief in die geheimsten Bereiche der Seele eindringt, daß er uns erschütternde Neuigkeiten über unser eigenes Unbewußtes liefert, wie Bachelard über Lautréamont sagte.

Dies sind düstere und witzige, zynische Geschichten, aber was macht ihren Witz aus? Wir lachen, um jene geheime Verwandtschaft zu verbergen, die uns mit diesen Ungeheuern verbindet. Ihre Absurdität belegt jene narzißtische Beschränktheit, die nur das schwarze, verleugnete Antlitz universeller Verhaltensweisen ist. Die erste Frau *vergißt* (oder sollte man sagen *verdrängt?*) den Tod ihres Kindes, um nur an sich zu denken, an die Wärme des Wassers, bei dem es schade wäre, *es mit dem Körper des Kleinkindes wegzuschütten.*

Aus mehreren Gründen wähle ich als Prototypen für Charaktere, die durch das Geld bestimmt werden, zwei Gestalten aus der *Göttlichen Komödie.* Weil Balzac einer der größten Schriftsteller des 19. Jahrhundert ist, weil sein Werk der ehrgeizigste und am besten ausgeführte Versuch ist, eine umfassende Vorstellung vom gesellschaftlichen und wirtschaftlichen Leben seiner Zeit zu geben und ein Inventar aller seelischen Leidenschaften zu erstellen, also ein Sturzbach zu sein, der alles mitreißt, alles mitnimmt: das himmlisch Erhabene, die Niederträchtigkeit, den Abschaum und das Verbrechen. Weil Balzac eine Autopsie der Gesellschaft zur Zeit der Julimonarchie durchführt, die unvergleichlich ist, da sie an einer lebendigen Seele und einem lebendigen Körper vorgenommen wird. Und was kommt in diesem Universum, in dieser Gesellschaftsmaschine, die mit der Präzision und Gewissenhaftigkeit eines besessenen Mechanikers zerlegt wird, zum Vorschein? *Das Gold.* Nicht das der Azteken, sondern das Geld in all seinen Formen, und zwar auf Grund der Geschicklichkeit der Bank und durch das Genie eines Nucingen, dem exemplarischen Vorbild aller Verfeinerungen des höheren Bankgeschäfts, ganz gleich in welcher Nation. Das Geld fließt in all seinen Formen unterirdisch und ganz offen mit dem Ungestüm des Lebens selbst, jenes Lebens, das Balzac so gut wiederzubeleben verstand (er wollte ein Protokollant des Bürgertums sein), daß sein Stil, wie man ihm zu Unrecht vorwirft, nur noch Nachahmung (Mimesis) ist.

Seiner Gewohnheit entsprechend beschreibt Balzac seine Romanfigur zunächst durch das, was für sie am meisten charakteristisch ist. Es gab niemanden in ganz Saumur, der nicht sicher war, daß Monsieur Grandet große Mengen Goldes besaß, jenes verborgenen Goldes, das, unsichtbar, vor allem nur traumhafte Dimensionen hatte. Niemand, der nicht dachte, daß dieser Biedermann, der ein Versteck mit Goldstücken hatte, sich des Nachts – mit der für das Gold gehegten, geheimen Leidenschaft ist immer ein gnädiges Dunkel verbunden – die Genüsse gönnte, die man sich mit Hilfe einer großen Goldmenge verschaffen kann. Die anderen Geizhälse brauchten nur ihr eigenes Verhalten, ihre eigene Lüsternheit zu beobachten, um am Bürger Grandet jene Geheimsprache der gleichen Freimaurerei auszumachen. In finanzieller Hinsicht bezieht Vater Grandet seine Verhaltensweisen von zwei tierischen Vorbildern: dem Tiger und der Boa. Er versteckt sich, rollt sich zusammen, kauert nieder, fixiert seine Beute, springt ab, öffnet seinen Rachen und verschlingt einen Batzen Geld. Wenn er sich vollgefressen hat, schläft er ein und verdaut seine Beute bis zum nächsten Anfall von Gier.

Wie man sieht, besteht der Geiz von Grandet nicht nur in einer einfachen und passiven Anhäufung von Gütern. Er ist ständig aktiv, kennt von morgens bis abends keine Ruhe, und wenn der Abend gekommen ist, begibt er sich in ein Kabinett, das man nur durch sein Zimmer betreten kann und das Tageslicht nur durch ein einziges Fensterkreuz bekommt, das mit einem riesigen Gitter gesichert ist. Dort, wo nicht einmal Madame Grandet Zutritt hat, und dann noch in einem gut angelegten Versteck wiegt der Bürger seine Goldstücke, führt er seine Bücher und berechnet er seinen Gewinn. Er selbst spricht aus, worin das Geheimnis dieser triebhaften Aktivität liegt, er selbst, der seine Tochter lieber tot sähe, als mitanzusehen, wie sie sein Gold ihrem Vetter gibt.

»Stimmt es, Monsieur«, fragt die Große Nanon, »daß sie [die Raben] die Toten essen?« Du bist ein Dummkopf, Nanon, antwortet Grandet, sie essen alles, was sie finden (Grandet hat seine Vorkehrungen getroffen). Und leben wir denn nicht von den Toten? Was sind denn Erbschaften? Er versteht etwas davon, denn sein Vermögen hat sich regelmäßig mit Hilfe von gefälligen Toten vergrößert.

Balzac hat eine scharfsinnige Einfühlungsgabe für die tief verwurzelte Ursache, die uns alle auf verschiedenen Ebenen zu Geizhälsen macht. Jede menschliche Macht ist aus Zeit und Geduld zusammengesetzt. Die Mächtigen wollen etwas haben und sind wachsam. Der Mächtige, der eine Vorliebe für die Macht hat, und der Geizige haben in höchstem Grad (die *graue Eminenz* ist die Eminenz, die es zwar versteht, sich unsichtbar im Dunkeln zu bewegen, aber sie hat die wirkliche Macht, und das kann die Macht des dichterischen Genies, der bloßen Geschicklichkeit oder des Geldes sein) eine solche Vorliebe, die sich auf Eigenliebe und Interesse stützt, aber letzteres, sagt Balzac in einer wunderbaren Verkürzung, ist eine Art von *solide gewordener* Eigenliebe. Beide bilden ein Ganzes, und dieses nennt sich Egoismus. Man könnte meinen, einige Jahrzehnte im voraus *Zur Einführung des Narzißmus* zu lesen. Woher stammt die »seltsame Neugier«, die die geschickt in Szene gesetzten Geizigen inspiriert? Eben aus der Tatsache, daß jeder die tausend Bindungen spürt, die ihn mit den Geizigen verbinden. Wenn er sich darüber lustig macht und laut auflacht, versucht er, vor sich selbst diese schamhafte Verwandtschaft zu verbergen. Wer wünscht sich nicht etwas, und welcher Wunsch läßt sich ohne den Besitz von Geld erfüllen?

Wie bei allen Geizigen, sagt Balzac, gab es bei Grandet das Bedürfnis, eine Partie mit den anderen zu *spielen* und ihnen auf legalem Wege ihr Geld abzunehmen. Das ist auch der Hauptgrund, der ihn antreibt, die Gläubiger seines bankrotten Bruders, der, dieser Narr, sich eine Kugel in den Kopf geschossen hat, noch mehr auszunehmen. Begaunern, hereinlegen (ohne sich den vom Gesetz vorgesehenen Strafen auszusetzen), seinen Willen aufzwingen, damit beweist man seine Überlegenheit, damit bekommt man das Recht, sich die Schwachen zu unterwerfen, sie zu verachten – und sie letzten Endes zu verschlingen. »Die Nahrung der Geizigen«, schreibt Balzac, »besteht aus Geld und Geringschätzung.« Wie man an diesem Satz sieht, gibt Balzac dem Geld in der Seele des Geizigen keinen Vorrang. Geld und Verachtung bilden ein untrennbares Paar. Da er sich am Nachlaß der Toten bereichert hat, garantiert ihm die Verachtung der Lebenden die Ewigkeit. »Der Geizige«, sagt Balzac, »läßt dieses Lamm, den Schwachen, fett werden, er pfercht es ein, tötet es, kocht es, ißt es und verachtet es.«

Und dennoch sind all diese Anstrengungen vergebens. Eines Tages, an dem Bürger Grandet sich für einen Moment zerstreuen läßt, ist der Tod da. Man will ihn mit den Sterbesakramenten versehen. Scheinbar schon tot, scheinen der Anblick der Kreuze, der Leuchter und des silbernen Weihwasserkessels ihn wieder zu beleben. Als der Priester das feuervergoldete Kreuz seinen Lippen nähert, kann Grandet der Versuchung nicht widerstehen, er streckt die Hand aus, um sich seiner zu bemächtigen und diese Bewegung kostet ihn das Leben. Selbst die am besten verwalteten Vermögen können der Zeit nicht widerstehen. Alle Anstrengungen Grandets sind vergeblich gewesen. Sein »Töchterchen« Eugénie bereichert ihren unglücklichen und unwürdigen Liebhaber, der Rest wird für wohltätige Zwecke gestiftet.

Der *Akkumulationstrieb* als gegen-entropische Kraft könnte :n der *Auflösung* von Reichtümern, in der Unordnung (die Geizigen und noch allgemeiner die Geldleute sind auch die Männer der *Ordnung*), die diese Auflösung darstellt, eine Metapher finden, die so weit gehen könnte, in der notwendigen ursprünglichen Akkumulation bei Marx die Manifestation eines gegen-entropischen Prinzips zu sehen.

Wenn ich dem folgenden einen Titel geben müßte, so würde er im Gegensatz zu Shylock lauten: »Gobseck ist ein Jude«.

Gobseck ist der Name der Hauptfigur des Balzac-Romans gleichen Titels. Sicherlich eines der Meisterwerke Balzacs (aber es gibt genügend davon, jeder kann daraus nach Belieben schöpfen), und überdies für mein Thema eines der erhellendsten, in dem das Geld nicht nur überall vorkommt, sondern die Rolle des »großen katalysatorischen Ferments« spielt, wie Albert Béguin in seinem Vorwort schreibt.[59] Wie er weiter notiert, schafft das Geld Familien, Liebesbeziehungen, Glück und Unglück und zerstört auch wieder alles. Es erhebt alles in die höchste Potenz, skulpturiert Charakter und Gesichter.

Gobseck ist Shylock radikal und Punkt für Punkt entgegengesetzt. Shylock ist seßhaft, ein Bürger von Venedig. Er hätte niemals auch nur einen Dukaten auf dem hinterhältigen Meer riskiert, und noch weniger hätte er einen Fuß auf die Schiffe gesetzt, die ungewiß dort herumschwanken, wo der Christ Bassanio sein Vermögen gewagt und, wohlgemerkt, verloren hat. Wie sein ferner Meister Shakespeare in seiner barbarischen Sprache gesagt hat: *a fool and his money are soon parted*. Gobseck ist ein Abenteurer, der die Welt und ihre Gefahren kennengelernt, der Land- und Seewege durchmessen und nicht gezögert hat, Messer und Schußwaffen einzusetzen, um sich einen Weg zu bahnen. Als Sohn einer Jüdin und eines Holländers ist er nur ein Halbjude.

---

59 *La Comédie humaine*, Bd. 6, Paris 1962, S. 1312.

Er ist eine auf der Lauer liegende Spinne, bereit zuzuschlagen, mit einem unendlichen Krieg beschäftigt, sagt der Schreiber des Vorworts weiterhin. Er ist ein Ungeheuer, aber eben das sichert ihm, romanhaft ausgedrückt, sein Heil: ein Ungeheuer ist eine Person. In der Ausdrucksweise einer balzac'schen Romanfigur ist das vielleicht richtig; auf der Ebene des menschlichen Wesens, wenn Shylock denn eines ist, gehört Gobseck nicht zur gleichen Kategorie von Seelen, und der Unterschied wird sich als entscheidend erweisen. Gobseck ist ein Künstler – und Balzac hat ihn so angelegt, hat ihn als solchen erkannt und geliebt –, Shylock ist ein Liebhaber, er ist rachsüchtig, dazu noch dumm, und die mangelnde Voraussicht, zu der ihn sein Haß verleitet hat, stürzt ihn auch ins Verderben. Wenn Gobseck genußvoll und mit überlegenem Genie mit Geld umgeht, ist er weder ein Harpagon noch ein Grandet. Er ist kein Geizhals. Seine Haupttat, die das Raster der Erzählung bildet und auch die Romanfigur umreißt, besteht darin, daß es ihm mit Hilfe des ehrenhaften Derville (dem Inbegriff der *Anwaltschaft*, so wie Bianchon der Inbegriff der *Ärzteschaft* ist) durch raffinierte Machenschaften und Berechnungen gelingt, dem jungen Grafen Restaud sein Vermögen wiederzubeschaffen, wobei er alle Akteure so geschickt in seine Pläne einbezogen hat, daß er sich dieses Vermögen legal aneignen konnte und niemand ihn mehr daran zu hindern vermochte, es zu behalten. Ein Geizhals hätte eine solche Beute niemals wieder fahren lassen. Aber Gobseck schiebt diese Wiedererstattung bis zu seinem Tod auf. Ein Geizhals hätte eine solche *différance* (mit einem a wie bei Derrida) niemals angestrebt, weil, wie der Schreiber des Vorworts bemerkt, »der Geiz keinen Tod kennt«. Oder besser gesagt, der Geiz verleugnet durch die Anhäufung von Gold seine unvermeidliche Zukunft. Gobseck ist kein schlichter Wucherer, und wenn Balzac ihm seine Macht und vor allem jenen Blick verleiht, der sogar der Gottes ist (»mein Blick ist wie der Gottes, ich sehe in die Herzen«), dann ist Gobseck eine der Inkarnationen von Balzac selber. Gobseck ist ein Dichter, ein Romancier, ein Demiurg. Seine außergewöhnliche Gabe, das Geld so zu vermehren, wie Christus das Brot vermehrt hat, ist die Art und Weise, an der sich jener göttliche Teil enthüllt, den Balzac ihm eingeräumt hat. Denn das Gold ist noch etwas anderes als das verfluchte Metall, das die Menschen verrückt oder zu Verbrechern macht, es ist auch, es ist vor allem in dem Maße das Symbol der Macht und der Unsterblichkeit, in dem die Suche nach ihm, der wahnsinnige Goldrausch, die nur irdischen Begehrlichkeiten überschreitet. Es gibt bei dieser Suche, in ihrer Beharrlichkeit und bei den Gefahren, die man dabei eingeht, irgend etwas, das die reine Materialität seines Besitzes überschreitet. Im Laufe der Zeit hat diese brennende, fieberhafte Suche ihren stärksten Ausdruck im Mysterium der besessenen alchimistischen Forschung gefunden. Die Alchimie ist keine Suche nach Gold. Letzteres bekommt in der Leidenschaft, die die Obsession, Blei in Gold zu verwandeln, rotglühend macht, jene Transzendenz, die sie zur reinen Metapher für die Erbsünde selber macht: die Suche nach Wissen. Der Romancier ist ein Alchimist, der nach Wissen sucht, also jene »menschliche Komödie«, die seine irdische Existenz nach dem Sündenfall ausmacht, dessen Zeichen sie alle an sich trägt und dessen Mißgeschicke sie alle auf sich genommen hat.

Man sieht, wie sich Balzac mit jenem jüdischen Wesenszug identifiziert, der die Anhäufung von Gold mit einem unstillbaren Wissensdurst verbindet. Aber das ist noch nicht alles. »Ohne jede Mühe besitze ich die Welt, und die Welt hat nicht den geringsten Einfluß auf mich«, sagte Gobseck und täuscht sich dabei über sich selbst. Denn die Grundlage seines Verhaltens bildet seine ethische Seite. Das wird im Hauptteil des Romans deutlich, welcher diesem die volle Bedeutungstiefe gibt und ihn mit dem jüdischen Geheimnis in Verbindung bringt, das sich bemüht, den Goldbesitz mit der Praktizierung des Guten zu verbinden. »Das Gold ist das geistige Wesen eurer Gesellschaften«, sagt Gobseck zu Derville; aber nicht das meine, scheint er damit ausdrücken zu wollen.

Als Derville, ein junger Notariatsschreiber, sich selbständig machen will, hat er keinen Pfennig. Gobseck unterstützt ihn, aber Geld und Freundschaft passen schlecht zusammen. Trotz allem, auch wenn Gobseck von ihm nicht die außergewöhnlich hohen Wucherzinsen verlangt, die er von denen fordert, die er nicht mag oder die in Situationen geraten sind, in denen Gobsecks Geld der einzige Ausweg ist, er macht ihm dennoch kein Geschenk und verlangt von ihm einen Zinssatz, der für den Verleiher immer noch recht vorteilhaft ist. Später, nachdem sie zu Freunden und gar Komplizen bei der Ausführung einer guten Tat geworden sind, die zwar gerecht, aber auch deutlich illegal ist, als Derville ihn fragt, warum er sich, wo er doch Freundschaft für ihn empfand, nicht zurückhalten konnte, ihm mit Zinsen an die Kehle zu gehen, die für einen mittellosen Anfänger viel zu hoch waren, gibt Gobseck folgende Antwort: »um mir gegenüber Ihre Freiheit zu bewahren, durften Sie keine Dankbarkeit für mich empfinden«. Dieser offensichtlich gnadenlose Wucherer, diese Boa (Balzac greift hier den Vergleich wieder auf, den er schon im Falle von Grandet benutzt hatte), hat bereits nicht mehr die charakteristischen Merkmale eines Geizigen. Grandet hätte ihn verschlungen.

Die Gräfin Restaud liebt Maxime de Traille – einen Betrüger und Habenichts – mit einer blinden Leidenschaft, die sie all ihre Pflichten vergessen läßt. Schuldenüberhäuft droht er der Gräfin, sich eine Kugel durch den Kopf zu schießen, was für niemanden ein großer Verlust gewesen wäre; die Gräfin versetzt bei Gobseck ihre herrlichen Diamanten für eine Summe, die Gobseck wegen des Drucks der Notwendigkeit durch eine List auf einen Bruchteil ihres wirklichen Wertes festsetzt.

Der alte Wucherer, der, entzückt über seine Transaktion, voller Begeisterung an die Rückschläge denkt, die sein Erfolg bei seinen Konkurrenten auslösen wird, beginnt eine Art von Freudentanz und ruft aus: »*ego sum papa*, ich bin euer aller Herr«.

Vor kurzem gab es im *New Yorker* eine Zeichnung mit einer Allee, auf der man aus der Sicht eines Spaziergängers, der immer kleiner wurde, einige Kinderwagen sah, die im Gänsemarsch hintereinander herfuhren. Im letzten Kinderwagen, der sich in der Mitte des Bildes befand, saß ein kleiner Junge, der den Kopf seinem ihn schiebenden Vater zuwandte und ihn anfeuerte: »Überhol' sie, Papa«.

Monsieur de Restaud hat von der Transaktion Wind bekommen, ist aber außerstande die Steine zurückzukaufen. Hier erweist Gobseck sich als ein Jude, den Shylock sich niemals hätte vorstellen können, da seine tiefe Seelenregung seinen Verstand überschritten hätte, weil er voll und ganz auf Rache aus war.

Monsieur de Restaud stirbt, eher noch durch den Verrat seiner Frau als durch die Krankheit. Kaum hat er seinen letzten Atemzug getan, stellt die auf der Lauer liegende Gräfin das Zimmer auf den Kopf und bricht die Möbel auf, um die Papiere wiederzufinden und zu vernichten, mit denen es Gobseck, dem Genie der materiellen Verfügungen gelungen war, das gesamte Vermögen des Grafen in seinen Besitz zu bringen. Als der Sohn des Grafen, Ernest de Restaud, mündig wird, bekommt er von Gobseck, *den nichts dazu zwingt*, gemäß dem Versprechen gegenüber dem Vater, alle Eigentumstitel zurück.

Gobseck ist weder ein Geizhals, noch ein beliebiger Spekulant, der nur auf Bereicherung aus ist. Gobseck ist ein Philosoph, ein Weiser, ein Moralist. Er ist ein Herr, der auf gleicher, wenn nicht sogar auf höherer Ebene wie der Graf Restaud steht. Shylock ist ein Sklave seiner eigentlichen Leidenschaft, er trachtet nicht so sehr danach, Dukatenberge um ihres Besitzes willen anzuhäufen (wie Grandet), sondern um daraus das einzige für ihn denkbare Mittel seiner Rache zu machen: der Tod seines Feindes. Und anstelle der öffentlichen *Anerkennung* seiner Metamorphose, die ihn – wie er hofft – vom Status des Sklaven in den des Herrn übergehen läßt, zeigt die letzte Konfrontation, daß dieses vom Haß pervertierte Verhalten ihm nichts anderes als den Tod bringt: Seine Reichtümer werden konfisziert, Jessica, seine Tochter, geht mit einem *Goi* auf und davon, und schlimmer noch, sie nimmt auch noch seine Dukaten mit.

Gobseck ist dagegen von niemandem gedemütigt worden. Er hat die Welt und ihre Laster gesehen, Herzen und Schöße erkundet, gelernt sich zu schlagen, niemand hat ihn am Bart gezupft, ihn gezwungen den Bürgersteig zu verlassen und seinen Hut in den Staub geworfen. Er kann mit dem Degen wie ein Musketier umgehen und schießt mit der Pistole so genau wie ein Westernheld.

Durch Machenschaften, die dieses Genie der verschlungenen Berechnungen im Nu entwirft, verschlingt Gobseck seine Beute, das Vermögen des Grafen Restaud, vergrößert das Besitztum, kauft Ländereien zurück, läßt die Güter aufblühen, die sein *legales Eigentum* sind, und gibt sie am Tage der Mündigkeit von Ernest de Restaud an diesen zurück: welche Boa hätte das schon gemacht – welcher Shylock, welcher Grandet?

Der Geiz Grandets, seine Verschlagenheit und sein Rachedurst machen ihn, wenn sich eine Gelegenheit bietet, auch zum Dieb. Als sein Bruder in Paris schlechte Geschäfte gemacht hat und den Tod der Schande des Bankrotts vorzieht (Guillaume Grandet hat etwas von César Birotteau), findet Vater Grandet durch eine der durchtriebenen Machenschaften, mit denen er diesmal nicht geizt, ein Mittel, um zu verhindern, daß sein Bruder für bankrott erklärt wird. Er gaukelt den Gläubigern die Teilzahlung ihrer Forderungen vor, und führt ihnen diese süße Hoffnung so gut vor Augen, daß nach einigen Jahren dieser endlosen Geduld, von der der Böttchermeister von Saumur noch unerschöpflichere Reserven als Fässer mit gutem Wein in seinem Keller hat, daß Vater Grandet zugleich die Schande seines Bruders – die ihm übrigens völlig egal ist – aus der Welt geschaffen und stattliche Summen eingesteckt hat.

Das ist Diebstahl. Aber Grandet gehört zu jenen Dieben, die niemals mit dem Gesetz in Konflikt geraten sind. »Eigentum ist Diebstahl«, sagte Proudhon in einer Formel, die eine extreme Gewalt auszudrücken scheint und die doch nur eine bescheidene Gleichung zwischen dem Eigentum und den letzten Mitteln und Konsequenzen enthält, durch die der Eigentümer an seinen Besitz gekommen ist.

Eigentum ist kein *Delikt* (Diebstahl) mehr, sondern Mord. Jeder Profit, der durch den Diebstahl eines Teils der Arbeitskraft des anderen (z. B. des Arbeiters bei Marx, aber er ist nicht der einzige) gemacht wird, ist ein *Verbrechen*. In diesem Sinne kann man hier eine Beziehung zum *Analsadismus* ausmachen, aber dabei würde man einen zu sehr vereinfachten und zu engen Rahmen abstecken, in den man diese Beziehung einschreibt, die es notwendig macht, metaphorische Folgen daraus abzuleiten, das heißt, *den Vorsatz der Ermordung des anderen.*

Madame de Restaud erniedrigt ihren Gatten, treibt ihn in die Verzweiflung und bringt ihn schließlich zu Tode, und all das für einen dieser ehrgeizigen kleinen Schufte, der sie, nachdem er die Reichtümer, die sie ihrem Gatten stehlen und ihrem eigenen Kind entziehen wollte, an sich gebracht hat, fallen läßt, sobald er eine angeblich bessere Beute gefunden hat.

Das *Gesetz*, das die Gewalt eindämmen will, sagt folgendes: »Also geht es allen, die nach Gewinn geizen, daß ihr Geiz ihnen das Leben nimmt«[60].

Die Gräfin hat all ihre Pflichten gegenüber dem Grafen und ihrem Kind vernachlässigt, sie hat beide bestohlen, ohne daß jener Himmel eingegriffen hätte, der seine transzendente Gerechtigkeit der Hand eines verklärten Gobseck anvertraut hat. Um von Maxime de Traille geliebt zu werden (wie lange?), begeht sie ihre Schandtat, und diese gipfelt darin, daß die Grä-

---

60 *Die Sprüche Salomons*, I, 19.

fin, wie es im *Gesetz* verkündet wurde, ihr Leben verliert. »Ihr sollt nicht stehlen noch lügen noch fälschlich handeln einer mit dem anderen«, fügt das *Gesetz* hinzu.[61]

Die Szene, in der der Graf stirbt, ist von einer Kraft, die das Genie Balzacs auf die Höhe der antiken Tragödie erhebt. Diese Szene zeigt, wie die Gräfin nach dem Tod überall herumwühlt, die Schubladen herausreißt, die Schreibtische aufbricht und somit den Schrecken des Verbrechens steigert, das sie angesichts des Leichnams des Grafen begeht. Gobseck wird in dieser kaltblütigen Mordaffäre zur Hypostase des Guten und der Gerechtigkeit.

Was das jüdische *Gesetz* erreichen will – die Eindämmung der Gewalt –, eben das wird durch die Inkarnation des Wuchers, durch die Leidenschaft für das Gold vollendet. Gobseck könnte nicht nur sagen »*ego sum papa*«, sondern auch »*ego sum deus*«.

Er hat dafür gesorgt, daß das Vermögen des Grafen nicht verloren geht und verschwendet wird. Er hat verhindert, daß die Unordnung der Gräfin, die nur die zerstörerische Unordnung ihres Liebhabers nährte, die Unordnung und Ungerechtigkeit der Welt vergrößerte. Das kaum geschmälerte Vermögen des Grafen, das sich in der Hand Gobsecks sammelte, fällt an den Sohn des Grafen. So gibt es in diesem von widersprüchlichen Gelüsten zerrissenen Dschungel dank dem Wucherer mehr Ordnung und Gerechtigkeit.

Man sagt gern, daß das Geld verrückt ist und alles verdirbt, was es berührt. Das Geld ist eine Abstraktion, die sich der Begierde derer beugt, die mit ihm umgehen. Es dringt in alle Zwischenräume ein, in das gesamte Räderwerk der Gesellschaftsmaschine, die es in Gang hält. Es ist genauso unschuldig wie das Wasser, das die Wölbungen eines Gefäßes ausfüllt, in das es gegossen wird.

---

61 *3. Mose*, XIX, 11.

Je reicher ich bin, um so mehr muss ich die Vorteile des Reichstums zeigen

Die Analstruktur ist nicht naturgegeben. Die psychoanalytischen Arbeiten haben die Tendenz, den Schwerpunkt auf die Natürlichkeit zu legen, das heißt auf eine Biologisierung von Phasen, die bewirkt, daß diese Struktur für den Charakter zu so etwas ähnlichem wie die Metallverstärkung im Beton wird.

Was die Analstruktur formt und modelliert, allerdings mit der Einschränkung, daß ihre übermäßige Strenge in den folgenden Phasen abgemildert wird, ist das, was die Gesellschaft selbst fordert. Durch ihre Funktionsweise und durch die Entwicklung ihrer Produktionsverhältnisse und gesellschaftlichen Beziehungen zwingt sie als einzig zulässige und effektive Strukturen diejenigen auf, die für die Entwicklung der Unternehmen von Vorteil sind. Die Eigenschaften der Beharrlichkeit, der Ordnung, des Realitätssinns und der Sparsamkeit, allesamt Züge des analen Charakters, werden gefördert und geschätzt – wenn nicht gar überschätzt.

Der anale Charakter wird, welchen Anteil auch immer genetische Zufälle haben mögen, zunächst durch die Erziehung im Familienbereich (der auch den Grad von Analität und ihre Beherrschung beinhaltet, über den die Erzieher verfügen) und dann in gesellschaftlichem Rahmen (wo die Erfolgskriterien unserer Gesellschaften bewirken, daß dieser Charaktertypus erlebt, wie seine Züge der sozio-ökonomischen Realität der Umgebung angepaßt werden) zum Äquivalent in der Natur der biologischen Mutationen, die das Überleben einer Gattung sichern. Die Züge des analen Charakters werden in unseren Gesellschaften so selektiert, wie die darwinsche Selektion in der Natur vonstatten geht.

Es ist keineswegs erstaunlich, daß das Geld eine solche Rolle in unseren Psychologien spielt. Die Analität als Natur wird durch die Kultur abgelöst. Man darf sich noch weniger wundern, daß die Amerikaner, wenn sie den Wert von jemandem einschätzen wollen, fragen: *how much is he worth?*, und daß Boris Pasternak sagen konnte, *daß es unanständig ist, berühmt zu sein*[62].

Wie derselbe Dichter hinzufügte, gibt es in Rußland eine Verachtung des Geldes, die im Mittelpunkt der russischen Kunst steht. Russen und Amerikaner haben niemals in vergleichbaren Gesellschaften gelebt. Ihre Werte haben sich zwar auseinanderentwickelt, aber jenseits dieser historisch-ökonomischen Feststellung muß man versuchen zu erkennen, wodurch sie nicht zu unterschiedlichen Gattungen gehören.

Die Analstruktur hat keinerlei Privileg, das aus ihr eine transkulturelle Überlegenheit machen würde. Die Zeugnisse von Ethnologen und Anthropologen zeigen, daß das Geld – oder was seine Stelle einnimmt – in bestimmten Gesellschaften verachtet wird und daß man den Frauen überläßt, was die Männer mit herablassender Geringschätzung belegen, nämlich die produktiven Aufgaben und gewinnbringenden Tätigkeiten, während sie selbst sich – nicht unklug – die spielerischen Tätigkeiten vorbehalten.

Ein bestimmter Gesellschaftstypus, der andere Werte als die unseren hat, läßt die Züge des analen Charakters verschwin-

---

62 Zitiert von dem sowjetischen Filmemacher Gozin, *The New Yorker*, 26. September 1988.

den, die die Harmonie oder das kollektive Ideal stören würden. Ihre Funktion in der Gesellschaft führt dazu, daß, je nach den Bedürfnissen oder Hoffnungen, die Charakterzüge erhalten, beklagt oder beseitigt werden. Was sollen die Russen denn mit dem Geld anfangen?

Das sowjetische System hat zu viel Geld in Umlauf gebracht und nicht genügend Güter produziert. Das Geld hat nur noch einen nominellen Wert, ohne daß es auf dem Markt weder die Menge noch die Qualität von entsprechenden Produkten findet. Das hat zwei Konsequenzen: der Rubel ist nicht konvertibel, weil sein Wert fiktiv ist; das Regime war gezwungen, der herrschenden Klasse höhere Gehälter zuzugestehen, die zu nichts nutze gewesen wären, wenn man nicht Spezialgeschäfte eingerichtet hätte, wo der Rubel in Waren umgesetzt werden konnte, die vom allgemeinen Markt verschwunden waren.

Die kapitalistischen Regime leiden unter dem entgegengesetzten Übel. Leistungsfähige Industrien sind in der Lage, ungeheure Mengen von Gütern zu produzieren – und tun das auch. Diese Regime leiden paradoxerweise unter Geldmangel. Gesellschaften, die vom freien Unternehmertum beherrscht werden, können zwar Güter produzieren, wissen aber nicht, wie sie sie verteilen sollen.

Das Geld ist nicht, wie man allzu oft gesagt hat, jene treibende Kraft, an der bis zum Bersten festgehalten wird – und die häufig in jenen tragischen Romanen ausbricht, die es so oft zu ihrer Triebkraft gemacht haben. Geld ist niemals Zweck, sondern immer nur Mittel. Zweifellos macht es nicht alles möglich (wie Marx glaubte). Geld genügt nicht, um alle Ansprüche zu befriedigen und alle Wünsche zu erfüllen –, sondern nur die mächtigsten. »Das Schicksal eines starken Mannes«, schrieb Balzac, »ist der Despotismus.« Und das hat er vorgeführt: Vautrin oder Rastignac, Grandet, auf seine Art sogar der jämmerliche Birotteau ... im Grunde müßte man sämtliche Personen der *Komödie* aufführen. Alle haben manische Züge, nur der *bankrotte* César Birotteau wäre in die Klasse der Deprimierten zu setzen.

Für den Depressiven spielt sich das Dasein in einem Raum ab, der zusammenschrumpft wie ein Charginleder, das den Variationen des Libidopegels folgt: Impotenz (Madame Birotteau ist zu bedauern), vorzeitige Ejakulation, schließlich Verstopfung und sogar jene totale Verweigerung, die das Syndrom von Cottard bildet. Die dem entsprechende manische Seite lebt in einem expandierenden Raum. Exzessiv in allem, wirft er seinen Samen in alle Richtungen und das Geld aus dem Fenster. Danach, auf dem Höhepunkt, kommt das Verbot durch die Familie, die Angst hat, daß das Erbe eher zu den sogenannten Freudenmädchen als in die geheiligte Familie fließt. Von diesem Raum aus, der noch erweitert wird, wenn es an Bargeld nicht mangelt, besetzt der Manische alle Punkte. Er ist überall bei sich zu Hause. Daher die *Vertrautheit* mit dem ganzen Universum. Er steht mit der Welt auf du und du, in einem Synkretismus, der ihm seine Anpassungsfähigkeit ermöglicht. In einer rasenden Folge von Wörtern und Handlungen erfindet er jede beliebige Sprache, macht er jede beliebige Gebärde (bis hin, und vor allem, zu den obszönsten), imitiert er alle Klänge und Farben, mit denen er sich herausputzt, um jenes pittoreske und bedauernswerte Schauspiel zu bieten, das diese Art von Kranken so oft aufführen. Seine Logorhöe, das orale Gegenstück zu seiner Diarrhöe, ist eine andere Modalität des Gebens. Seine Gabe ist nicht nur seine Großzügigkeit, sondern seine Allmacht, die bewirkt, daß er glaubt, sein Glück und sein Vermögen sei ebenso unerschöpflich wie sein eigenes Dasein. Er spielt mit Wörtern, verliert sich in ihnen, er spielt mit den Leuten, den Dingen und seinen Gütern.[63]

---

63 In den fernen Zeiten meiner Anfänge bin ich einem jungen Mann mit einer Zwangsneurose begegnet, der eine drakonische Sparsamkeit an den Tag legte, was seine sexuellen Beziehungen betraf. Er hatte die Vorstellung, daß er *ab ovo* mit einem genetisch von der Natur festgelegten Bankkonto seiner Spermamenge

Die letzte Idee, auf die das genaue Gegenteil, also der Zwangscharakter kommen würde, beziehungsweise überhaupt nicht kommen würde, ist zu spielen. Der Besessene ist eine seriöse Person. Die Welt lastet auf seinen Schultern. Er ist viel zu sehr damit beschäftigt, seine fürchterlichen Triebe im Zaum zu halten, um Muße – diesen Anteil an defensiver Zeit – zum Spiel zu haben. Das Spiel ist gefährlich. Er bringt es mit jenen bewundernswerten Fäkalien in Verbindung, die er mit derselben verrückten Heftigkeit liebt und haßt.

Wenn man sich hundert Mal am Tag die Hände wäscht, so soll das weniger (aber auch) dazu dienen, die Bakterien daran zu hindern, sein Leben zu verkürzen, als die Zeit stillzustellen. Sich die Hände zweimal zu waschen, bedeutet, die Existenz der Zeit zu leugnen, die zwischen dem ersten und zweiten Mal verstrichen ist. Nach jeder Defäkation hundert Blatt Papier zu verwenden, beruht auf der gleichen Absicht, das entropische Verstreichen der Zeit zu leugnen – das Leben geht zwar weiter, aber man will zwei Fliegen mit einer Klappe schlagen und ihm ein unendliches Vergnügen hinzufügen, das mit jeder dieser lebensnotwendig gewordenen kleinen Handgriffe erneuert wird. Gegen Krankheit und Tod gibt es, wie man sagt, kein besseres Mittel als die Lust. Der Zwangscharakter verschafft sich viel davon, auch wenn er sich listig bemüht, das Gegenteil vorzuschützen. Der Zwangscharakter ist vom Trugbild fasziniert. Dazu wendet er seine ganze Erfindungskraft auf, bis er sich letzten Endes selber betrügt – und das ist das schlimmste für seine reale narzißtische Ökonomie. Er hat einen derartigen Abscheu vor Fäkalien, daß er keine Vorsicht außer acht läßt, um sicherzustellen, daß nicht der geringste Rest an seinem Körper kleben bleibt. Und das ermöglicht es ihm, seine Tage in

---

ausgestattet worden sei, die er mit der Klugheit verwaltete, mit der ein Familienvater (was er bereits war) seine Wertpapiere verwaltet. Er war sparsam und gelobte sich, sein flüssiges Guthaben nur Tropfen für Tropfen auszugeben.

beständiger Begleitung des Gegenstandes zu verbringen, den er verabscheut.

Der Zwangscharakter verabscheut die Bewegung, die ständig droht, die Linien zu verschieben; dafür liebt er die Ordnung – was am wenigsten Energie kostet – im gleichen Maße, wie er den Scherz ablehnt, und auch das Lachen – eine unnötige Ausgabe, Verschwendung. Humor ist ihm nicht nur fremd, er ist auch unfähig, ihn zu verstehen. Jeder Humor ist ein Vermögen zur Desorganisation, das jeder lächerlichen Affektiertheit, jeder Institution und vor allem, dies ist der entscheidende Punkt, sich selbst das Maul stopfen will.

Jeder Zwangscharakter will der Kontingenz seiner Existenz entfliehen, die durch Ereignisse bedroht wird, welche er nicht beherrschen kann. Er will der natürlichen Sublunarität entfliehen, um die Regelmäßigkeit, die unveränderliche Ordnung der Gesetze nachzuahmen, die die Sterne am Himmel lenken. Er hat den düsteren Glanz der Erdsatelliten und ein verhülltes Gesicht: das Gesicht der Lust, die er unter traurigen Ritualen verbirgt, die ihn bedecken wie ein schwarzes Tuch einen Sarg. Der Zwangscharakter ist ein lebender Toter.

Dennoch wissen wir sehr wohl, daß Manie und Depression miteinander verbunden sind, daß sie die beiden Seiten sind, die in der bipolaren Psychose aufeinanderfolgen, und daß die »Zwangspsychose« ihr absolutes Gegenteil ist. Kann man sie auf ein und denselben Ursprung zurückführen? Die Analität läuft Gefahr, sich mit der kausalistischen *Komik* der *Lunge* von Toinette[64] zu verbinden.

Gibt man jemals etwas ohne den Hintergedanken, daß das, was man gibt, in der Erwartung dessen gegeben wird, was einem selber zum Ausgleich dafür gegeben wird? Hat nicht Nietzsche gesagt, daß Schenken die höchste Lust ist? Der *Potlatch* selbst verbirgt in seiner ökonomischen Irrationalität

---

64 Das Dienstmädchen in Molières Komödie *Der eingebildete Kranke*. [A.d.Ü.]

den Einsatz, um den es geht: bis hin zum Wahnsinn zeigen, daß man über unerschöpfliche Reichtümer verfügt. Der Reichtum ist der einzige Maßstab für die Macht, die ich errungen habe, indem ich den Reichtum erworben habe.

Damit das Objekt wirklich restlos zerstört wird, müßte seine Zerstörung absolut sein, und das könnte nur geschehen, wenn sie ohne Zeugen, in der Einsamkeit vorgenommen würde. Der *Potlatch* hat nur einen Sinn, wenn er vor den Augen all derer durchgeführt wird, die diesen Machtexzeß bestätigen müssen, der entweder darin besteht, Reichtümer zu vernichten oder als Ausgleich für eine Gabe eine märchenhafte Vervielfachung von Gaben zu bewerkstelligen. Diese pervertierten Tauschhandlungen, die keine ökonomische Rationalität haben, finden ihren Sinn, wie jeder Besitz von Gütern, nur im Zuwachs an Macht und Herrschaft, den dieser Besitz zum Ausdruck bringen soll.

Georges Bataille[65] hebt ausdrücklich hervor, daß die feierliche Gabe von Reichtümern, die einem Rivalen dargeboten werden, dazu dient, ihn zu *demütigen, herauszufordern* und zu verpflichten. Der Rivale muß seinerseits die Herausforderung annehmen und noch größere Reichtümer anbieten. Die beiden Rivalen befinden sich in Form des Gabentausches in einem Kampf, den Hegel als reinen Prestigekampf bezeichnete und dessen Zweck darin besteht, die Macht des einen im Verhältnis zum anderen zu ermitteln. *Das äußerste Ende des Potlatch ist der Tod.* Das Ende des Paradoxes ist die Vernichtung des Prestiges des Rivalen, der nicht mehr in der Lage ist, die verrückte Überbietung fortzusetzen. In diesem agonalen Spiel bringt die Verschwendung den Umfang der erworbenen Güter an den Tag, sie glorifiziert die scheinbar grenzenlose Macht und Fähigkeit zur Akkumulation.

---

65 Georges Bataille, »La part maudite«, in *Œuvres complètes*, Bd. VII, Paris 1976. [Vgl. »Der verfemte Teil«, in *Die Aufhebung der Ökonomie*, München 1975.]

Bataille schreibt in der Vorbemerkung zu *Der verfemte Teil*[66], daß der Mensch »wesentlich die Aufgabe hat, ruhmvoll all das zu verausgaben, was durch die von der Sonne verschwendete Energie auf der Erde akkumuliert wird«. Der Mensch ist »in seinem Wesen« immer »ein Lachender, ein Tänzer und ein Veranstalter von Festen«. Es hat somit den Anschein, daß Bataille in diesem Text die Gegenposition zu einem beliebigen »Akkumulationstrieb« einnimmt und daß er vielmehr, mit oft lyrischen und schönen Akzenten, sagt, daß das gesamte Universum dem Gesetz der *unendlichen Verschwendung* unterworfen ist. Mit einer Art von schmerzvoller Klarsichtigkeit wendet sich Bataille, indem er die vereiste Forschungsweise der Wissenschaften aufgibt, dem zu, was einen nicht gleichgültig läßt, sondern Feuer fangen läßt, und zwar vor allem ihn selber, der er seinen eigenen Siedepunkt sucht.

Als Bataille versuchte, die Menschenopfer in den aztekischen Gesellschaften zu verstehen, war er fasziniert von der Entfesselung einer Gewalt, die ihm keiner rationalen Ökonomie anzugehören schien. Diese opfergierigen Gesellschaften, dieses Blut, das von den Spitzen der Pyramiden herunterfloß, die gehäuteten Körper, deren noch bluttriefende Haut den Körper des Priesters umhüllte – all das scheinen barbarische Sitten gewesen zu sein, die jenseits aller Vernunft standen. Aber wer wurde bei diesen mörderischen Ritualen geopfert? Immer die von unten, also diejenigen, die bereits die Opfer dieser hierarchisierten Gesellschaften waren. Später waren es Kriegsgefangene, die man unaufhörlich bei den Nachbarvölkern machte. Hätte man sie gebrauchen können? Wozu? Der Stand dieser primitiven Ökonomien erlaubte keinen rationellen Einsatz von Gefangenen. Eine Schlacht zu gewinnen, vergrößerte das Überlegenheitsgefühl der Gruppe nur durch die möglichst gewaltsame Opferung der gefangenen Feinde.

---

66 Ebd., S. 16.

Selbst wenn man annimmt, daß man sie hätte arbeiten lassen und wirtschaftliche Vorteile aus ihnen ziehen können, die Verschwendung, die *Konsummation* eines möglichen Wertes brachte die Souveränität des Siegers, die Allmacht dessen besser zum Ausdruck, der offen seine Verachtung für den *Konsummations*-Wert des Opfers bekundete. Wenn ich vernichten kann, was mir irgendwie von Vorteil sein könnte, wenn ich einen anderen als mich selbst mit der Grausamkeit jeder nur vorstellbaren Gewalt töten kann, dann zeigt das, daß ich keinerlei Gegengewalt fürchte, daß ich gerade durch die Gewaltsamkeit der Handlung jede Möglichkeit ausgeschlossen habe, daß mir jemals das gleiche zustoßen könnte. Der Priester, der die Brust des Opfers mit der Spitze seines Obsidianmessers öffnet und es der Sonne entgegenstreckt, bringt die Götter auf seine Seite. Die Menge, die all dem in der Erregung ihrer Vereinigung beiwohnt, ist keine Menge von unterschiedlichen einzelnen mehr, sondern ein verschmolzenes Kollektiv. Indem sie sich mit dem Opferpriester, der Sonne und den Göttern identifiziert, wird sie für diesen kurzen Moment unsterblich wie die Sonne und die Götter.

Die von diesem Schauspiel erregte Menge, dem sie nur zu bestimmten Zeitpunkten beiwohnen darf, wie etwa bei Sühneopferfesten, genießt es um so mehr, als sie weiß, daß sie selbst eben diese Rolle zur Beschwichtigung der Götter spielen könnte, wenn es einmal an Kriegsgefangenen mangeln sollte. Der Souverän oder die Priesterkaste haben diese disparate Menge, diese gesellschaftlichen Partikel nur in den Momenten des Prozesses in eine durch die hohen, durch eine explosive Übertragung zustande gekommenen Schmelztemperaturen zusammengeschweißte Materie verwandeln können. In jenem Augenblick hat die Allmacht der mit diesem hypnotischen Moment aufgeladene Gruppe, in dem die Menge weder einen eigenen Kopf noch einen eigenen Körper hat, sondern in dem sie von der Allmacht, die ihr gegenübertritt und sie exaltiert, die Gewißheit bekommen, daß diese Macht durch eine magische Transfusion auch jedes ihrer Mitglieder durchdrungen hat. Aber sollte es während dieses Vereinigungsfestes einen feindlichen Angriff geben, würde man sehen, wie diese scheinbar bis in den Tod vereinte Masse aus ihrem hypnotischen Schlaf erwacht, sich auflöst und ihren normalen Zustand von Einzelwesen wieder aufnimmt, wenn die weißglühende Übertragung einmal unterbrochen ist, die den Übergang von getrennten Einheiten in eine Menge ermöglicht hat, in der die Unterschiede abgeschwächt worden sind und in der sie zu einer ungeschiedenen Masse verschmolzen sind, deren einziger Kopf der des Führers war. Wie Freud in *Massenpsychologie und Ich-Analyse* schrieb, hat Nestroy eine Parodie von Hebbels Drama *Judith und Holofernes* verfaßt, in der ein Krieger schreit: *Der Feldherr hat den Kopf verloren*, worauf die Truppen sich sofort auflösen und fliehen. Mit dem Verlust des Führers, dieser Hauptursache für die Homogenität und Kampfkraft der Truppe, hat die Truppe das Element des Zusammenhalts und der Disziplin verloren, das sie zu einer Armee machte; alle Identifikationsbezüge werden aufgelöst, und eine solidarische und kämpferische Truppe wird in Fliehende verwandelt, die die Panik auseinanderstieben läßt.

Der Souverän mußte – weil er der Souverän war, und weil er es wegen seines gewaltigen Reichtums war – einem nach Menschenopfern gierenden Volk zeigen, daß er in der Lage war, in jenen Zyklus von Verschwendungen einzutreten, der es ihm erlaubte, Menschen und Reichtümer zu opfern, *ohne zu zählen*. Jenseits aller ökonomischen Rationalität hatte die Verschwendung, die restlose Konsummation, die Funktion, eine unendliche Macht zu demonstrieren. Und diese prahlerische Vergeudung konnte nur innerhalb eines selbst prahlerischen Reichtums praktiziert werden, der diesen unproduktiven Verschleiß von Reichtümern möglich machte. Der Zyklus von Verschwendungen konnte seine barbarische Pracht nur deshalb entfalten, weil er dem Zyklus einer geordneten, effektiven und rationellen ursprünglichen Akkumulation folgte, die in sich selber bereits die verschwenderische Explosion enthielt.

Der *Potlatch* ist zwar ein Zirkulationsmodus von Gütern, aber völlig unökonomisch. Es geht um ein feierliches Geben zwischen *zwei Rivalen*. Er ist ein Austausch, der den ökonomischen Gesetzen des Warentausches entgeht und der nur die Steigerung der Souveränität desjenigen von beiden anstrebt, der am meisten verschwendet.

Das Geld ist jedenfalls *pleonexisch*, das heißt, es ist eine unendliche teleologische Potentialität, die geeignet ist, eine Vielzahl von möglichen Zielen zu erreichen, sei es nun durch die banale Ausnutzung seiner Möglichkeiten oder durch eine verschwenderische Verwendung, die dem Besitz des Gegenstandes – in großen Mengen – um so mehr Bedeutung beimißt, als dieser in der Lage ist, die Distanz zwischen der Begierde nach dem Objekt und dem Besitz des Objektes selbst zu verkürzen. Die Verschwendung verweist nicht auf irgendeine Verachtung des Geldes, sondern auf seine Überbewertung in dem Maße, in dem es der Königsweg zur Vergrößerung der Zahl der Verbindungen zwischen dem begehrenden Subjekt und der Gesamtheit der begehrbaren Objekte ist. Verschwendung bedeutet nicht Verlust, sondern eine Vergrößerung von Reichtümern und eine Beschleunigung der Zirkulationsgeschwindigkeit von Gütern, die nur eine einzige Bestimmung haben: die Verschwendung selbst, in ihrer höchsten und vom *Akkumulationstrieb* reinen Form.

Somit kann man also auch hier feststellen, was man bereits bei so vielen anderen Gelegenheiten gesehen hat, nämlich daß die Extreme, daß Positiv und Negativ nicht entgegengesetzt sind und sich auch nicht ausschließen, sondern sich ergänzen.

Der Höhepunkt der Verschwendung ist auch der Höhepunkt der subtilsten narzißtischen Ökonomie.

DAS GELD DER PSYCHOANALYSE

Was die Rolle des Geldes bei der Behandlung betrifft, so ist psychoanalytische Literatur recht zurückhaltend. Es gibt vielleicht nicht allzu viel darüber zu sagen, aber mir scheint, daß auch dieses wenige nicht gesagt worden ist. Wie verhält sich Freud zum Geld im allgemeinen und zu dem Geld, das eine Sitzung kostet, im besonderen? Was hat er uns in dieser Hinsicht gelehrt und geraten? Die Antwort ist heikel, zumindest wenn man sich an jenen schwammigen Allgemeinplatz hält, der nicht ganz unzutreffend ist und besagt, daß jeder – abgesehen von wenigen Ausnahmen – lieber echten Kaviar als Dorschrogen ißt. Freud hat also den Markt der Neurosenbehandlung (auf dem es ja, als erstes auf dem Gebiet der Hysterie, eine große Nachfrage gab, weil Charcot – es gab kein Fernsehen – ein Schauspiel aus ihr gemacht hatte, das die Massen in die Salpêtrière zog) um eine Behandlungsmethode bereichert, die er nicht nur über alle anderen damals bekannten Methoden stellte (welche weder durch ihre – nicht vorhandene – Theorie, noch durch ihre zumindest ungewissen und fragwürdigen Ergebnisse überzeugten), sondern es gelang ihm auch, daraus eine regelrechte *Weltanschauung*, eine neue Anthropologie zu machen, um sie letzten Endes, glühend von siegreichem Enthusiasmus, auf den größten Teil der menschlichen Tätigkeiten auszudehnen, für die sie eine umfassende wissenschaftliche Erklärung liefern sollte. Er vermittelte dem Analysanden die Überzeugung, die ihn selbst belebte, daß der Analytiker durch die Einführung dieser völlig neuen Therapie ein reiches Angebot von heilbringenden Möglichkeiten auf den Markt bringen würde. Es ist daher nicht verwunderlich, daß die Nachfrage schnell größer wurde als das Angebot. Während er den geographischen Bereich des Psychoanalysemarktes erweiterte, fühlte Freud sich auch verpflichtet, die Voraussetzungen für eine Erweiterung des Angebots zu schaffen.

Freud zögerte nicht zu betonen, daß sein Werk, ebenso wie das von Kopernikus, eine Revolution war, die uns die psychische Vorherrschaft des Es sicherte. Niemals zuvor war die Frage unter diesem Gesichtspunkt gestellt worden. Das war die dritte narzißtische Verletzung, die das Subjekt verleugnete, weil es sich selbst in seiner zugleich grundlegenden und verlorengegangenen Dimension nicht kannte. Das Subjekt war nicht wirklich in sich zu Hause, es war, wie man später nicht ohne eine gewisse Feinschmeckerei sagte, »dezentriert«. Zweifellos gestand man ihm zu – aber nur von oben herab –, daß es zumindest sprach, daß es immerhin ein Aussender der Töne war, die es artikulierte, aber dieses Sprechen war leer, es sprach weniger, als daß es gesprochen wurde (*Es spricht*, wie Heidegger später sagte). Es war ein Übermittler, es begleitete die ursprünglichen Bedeutungen, die es passiv durchquerten. Es sprach einen Ideolekt, den nur der Analytiker entsprechend der Chiffre seiner ursprünglichen Bedeutungen decodieren konnte.

Die Interpretationstaktik entsprach in ihren subtilen Formen recht gut der frühreifen Lehre Freuds, aber unterstreicht auch die Gewißheit, die ihn in den dunklen Momenten, in denen ihm Zweifel kamen, wieder nach oben kommen ließ: »ich werde ihm sein Geheimnis entreißen und ich werde es ihm schon zeigen.«

Ein unvermeidliches agonales Spiel, da alle Teilnehmer an

diesem Schachspiel mit Schwarz und Weiß spielten: Daher mußte er sich vom Guten und Wahren leiten lassen. Wer hätte es gewagt, ihn dafür zu tadeln, daß er das Schöne, Wahre und Gute, aber auch die Bedeutung und die Notwendigkeit von hohen Honoraren auf die Sonnenseite stellte?

Die Bedeutung der Kosten für die vom Analysanden gewünschte Beratung liegt nicht nur in der Höhe des vom Analytiker festgelegten Betrages, sondern auch darin, daß es kein *Feilschen* gibt. Hat Freud nicht immer wieder auf der Ähnlichkeit zwischen der psychoanalytischen Behandlung und einem chirurgischen Eingriff beharrt? Diese Metapher bezieht sich nicht nur auf jene Ähnlichkeiten, nach denen der Psychoanalytiker ebenso wie der Chirurg den *Fremdkörper* sucht, der das Subjekt befallen hat, und daß mit derselben Sicherheit der Hand einerseits Tumore, Gallensteine etc. und andererseits traumatische Erinnerungen gesucht werden, so daß, sind die Fremdkörper erst einmal entfernt, die Genesungschancen oft gleichwertig sind. Denn das ist nur die eine Hälfte der Bedeutung der Metapher. Die zweite besagt, daß Präzision und Effektivität in diesen Fällen auch höhere Honorare rechtfertigen. Freud rät dazu, auf diese Weise vorzugehen. Als Lou-Andreas Salomé über die Erschöpfung klagt, die sich aus den täglichen zehn Sitzungen ergibt, äußert sich Freud entrüstet. Das sei »reiner Masochismus« – der im Milieu dieser Patienten nur wenig geschätzt würde – und sie solle die Zahl ihrer Sitzungen reduzieren und ihre Preise so erhöhen, daß sich ihre Einkünfte nicht verringerten.

Die Tendenz zu einem schnellen Wechsel der Preisschilder, ein Effekt der Inflation, hat unterschiedliche Folgen: für die einen ist sie gewinnbringend, für die anderen ruinös. Für den Produzenten von realen Gütern oder einfach für den Eigentümer erhöht die Inflation den Wert des stabilen Kapitalanteils (wenn die Grundstückspreise in Paris an diesem 23. August 1989 hochgehen, steigen die Preise von Appartements nicht mehr wie ein alter Fahrstuhl, sondern wie eine Mondrakete) und auch den Wert industrieller oder landwirtschaftlicher Produkte. Während die Reichen immer reicher werden, werden diejenigen, die nur ihre beiden Hände und ein festes Gehalt haben, immer ärmer. Je ärmer sie sind, um so weniger sind sie in der Lage, Initiative zu ergreifen und Risiken auf sich zu nehmen. Für die Reichen dagegen gilt, je mehr der Sachwert ihres produktiven Besitzes steigt, um so mehr folgen ihre Produkte der Preissteigerung, und um so mehr finden sie in dieser euphorischen Lage die Energie, den Willen, die Ambition und den unternehmerischen Geist, der zu einer Vergrößerung ihres Vermögens führt.

Kurz und anders gesagt, auf einen anderen Bereich übertragen, die Inflation hat »depressive« Auswirkungen für diejenigen, die nur ein festes (wenig variables) Einkommen haben, und sie hat »manische« Auswirkungen für diejenigen, die sich auf der Siegerseite des ökonomischen Spiels befinden oder dorthin verschlagen worden sind.

Trotz der galoppierenden Inflation, die nach dem Krieg von 1914–1918 vor allem Deutschland und Österreich traf, als man mit einem Karren voller Papiergeld zum Bäcker gehen mußte, hat Freud sich – den wir besser kennen, aber das galt sicher für alle Psychoanalytiker in Mitteleuropa, also praktisch für alle – beträchtlich bereichert, und das aus mehreren Gründen: Er hatte auf einem sich ständig erweiternden Markt (die Anglo-Amerikaner begannen in Wien einzufallen) ein unerschöpfliches Produkt anzubieten, bei dem die Grenzen des täglichen Absatzes nur durch die Zeit festgelegt waren, die er für seine Produktion aufwenden konnte. Auf der anderen Seite des Ärmelkanals und des Atlantiks begann eine reiche Klientel – die vor allem über starke Devisen verfügtgen – Freuds eigene Vorgehensweise, und nicht die anderer Psychoanalytiker, zu schätzen und zu studieren.

Das gab Freud die unvergleichliche Freiheit, wie bei einem

gesuchten, aber raren Lebensmittel, die Analysen abzukürzen, wenn ihm die Analysanden nicht gefielen – oder andere sogar völlig auszuschließen.

Beispiel: Freud empfängt Wortis[67], der nur über eine relativ geringe Summe verfügt – wenn auch in Dollar. Freud empfiehlt ihm einen anderen Analytiker. Dieser Vorschlag wird zurückgewiesen. Ein einfacher Überschlag zeigt Freud, daß Wortis nur Geld für vier Monate Analyse hat. Als diese Mittel erschöpft waren, obwohl der Grund der Probleme noch nicht erschöpfend behandelt war, zeigte Freud sich knallhart. Wortis wollte nicht aufhören, da er wohl zu Recht der Meinung war, daß die Analyse noch nicht abgeschlossen wäre. Aber er stieß bei Freud auf taube Ohren.

Freud akzeptierte aus naheliegenden Gründen nur eine Bezahlung in Dollar und in bar (Wollen auch wir wegen dieses Präzedenzfalls nur in bar bezahlt werden? Zweifellos haben wir nicht die gleichen Gründe, aber wenn man darüber nachdenkt, sind sie denen von Freud nicht sehr fern.); ein Scheck hätte, selbst wenn er in Dollar ausgestellt worden wäre, nur auf einer Bank eingelöst werden können, das heißt zu einem fiktiven Kurs, der allerdings der einzig offizielle war. Blanker Wahnsinn, denn versteckt unter der Matratze oder in einem Tresor und dann eingetauscht zum realen Kurs – also auf dem Schwarzmarkt – in kleinen Mengen ... Ein normaler Österreicher, der in Kronen bezahlt wurde, konnte beoachten, wie sich die Preise täglich änderten. Diejenigen, die das Glück hatten, in harten Devisen und nicht mit leeren Versprechungen bezahlt zu werden, wurden sozusagen – und sogar buchstäblich – Stunde für Stunde reicher, sogar wenn sie schliefen.

In einem Brief vom April 1921 an Abram Kardiner legte Freud die finanziellen Voraussetzungen für eine Analyse fol-

---

67 Joseph Wortis, *Fragments of an Analysis with Freud*, New York-London 1984 (Erstaufl. 1934).

gendermaßen fest: *my fees are $ 10 an hour, about $ 250 monthly to be paid in effective notes not in checks which I could only change for crowns*[68].

Um eine Vorstellung vom katastrophalen Verlauf der Inflation zu bekommen, braucht man sich nur die aberwitzigen Zahlen zu vergegenwärtigen, die Galbraith aufgeführt hat: »Am 27. November 1923 waren die Preise auf das 1 422 900 000 000fache [wie liest man eine solche Zahl?] des Vorkriegsniveaus gestiegen. Etwas anschaulicher: 1921 kostete 1 Dollar 81 Mark, Mitte 1922 bereits 670 Mark. Im Frühjahr 1923 wurde ein Reichstagsausschuß eingesetzt, der die Frage untersuchen sollte, warum die Mark auf 30 000 je Dollar gefallen war. Als der Ausschuß am 18. Juni zusammentrat, stand die Mark auf 152 000 und im Juli auf 1 Million je Dollar.«[69]

Der Berliner Korrespondent der *London Daily Mail* schrieb an seine Redaktion, er sei erstaunt, daß er für eine Schinkensemmel 24 000 Mark bezahlen mußte, wo sie doch am Vortag nur 14 000 Mark gekostet habe. Überdies zeigte er sich froh darüber, daß das Gehalt eines Kabinettsministers von 23 000 000 vor zehn Tagen auf 32 000 000 Mark angehoben worden sei.[70]

---

68 »Mein Honorar beträgt 10,00 Dollar pro Stunde oder etwa 250 Dollar monatlich, zahlbar in Bargeld, nicht per Scheck, den ich nur in Kronen einlösen könnte.« (Übersetzung in: Abram Kardiner, *Meine Analyse bei Freud*, München 1979, S. 15)
69 John Kenneth Galbraith, *Geld. Woher es kommt, wohin es geht*, übers. von K. O. von Czernicki, München-Zürich 1976, S. 160.
70 In den folgenden Wochen wurden viele solche Geschichten erzählt. Ende Oktober berichtete die *New York Times* von einem Ausländer in einem der »kleineren Berliner Restaurants«, der eine Dollarnote hin- und hergeschwenkt und alle Gerichte auf der Speisekarte bestellt habe, die er für einen Dollar bekommen konnte. Man habe ihn großzügig bedient, und als er wieder gehen wollte, sei der Kellner wieder mit einem Teller Suppe und noch einem Hauptgericht erschienen und habe mit einer Verbeugung höflich erklärt: »Der Dollar ist soeben wieder gestiegen.« (vgl. Galbraith, a. a. O., S. 161)

Als Freud Wortis mangels Platz an seine eigene Tochter überweisen wollte und ihm versicherte, daß diese »eine sehr gute Analytikerin« sei, lehnte Wortis ab. Freud oder keiner. Unter diesen Voraussetzungen wird deutlich, in welchem Maße die Beherrschung des Analysemarktes durch Freud nach dem ehernen Gesetz von Angebot und Nachfrage (wie Friedrich Lasalle, der Weggefährte von Marx, es bezeichnete) seine Preise emporschnellen ließ.

Die Analysanden ihrerseits befanden sich, angesichts des realen Preises der Dinge auf der anderen Seite des Atlantiks, nicht weniger, zumindest für kurze Zeit, in einer blendenden Lage: wenn die Investition in die »Aktie Freud« auch relativ hoch war, so blieb sie doch eine Investition, die allen anderen – darin eingeschlossen Gold – in einer gar nicht so fernen Zukunft überlegen war. Alle, die den Mut und den Weitblick hatten, die notwendigen Opfer für eine Analyse bei Freud zu bringen, wurden nach der Rückkehr in ihre Länder ihrerseits zu Werten auf einem rasch expandierenden Markt. Sie konnten sich sicher sein, im Kontakt mit dieser großartigen – einzigartigen – charismatischen Gestalt nicht nur im Ruf zu stehen, die damals bestmögliche Analyse bekommen zu haben, sondern daß auch einiger Abglanz vom Genie ihres Analytikers auf sie gefallen sei. Wie der Vater, so der Sohn. Sie alle haben ohne Ausnahme in ihren Ländern beneidenswerte Karrieren gemacht, wenn man von dem unglücklichen Wortis absieht, dem vorgeworfen wurde, Agent einer fremden und feindlichen Macht zu sein, der gekommen sei, um sich Waffen zur Be-

---

Wie groß muß Freuds Vermögen gewesen sein, wenn er pro Monat zweihundertfünfzig Dollar von einem einzigen Patienten nahm? Was hat er damit gemacht? Seine Lebensweise scheint bescheiden gewesen zu sein; seine veraltete und verstaubte Wohnung in einem ganz gewöhnlichen Stadtteil dürfte ihn nicht viel gekostet haben. Hat er in ägyptische Antiquitäten investiert? Das wäre eine gute Idee gewesen, aber alle Ideen, die darauf hinausliefen, dauerhafte Güter zu kaufen, waren gut (vgl. ebd., S. 162).

kämpfung der Psychoanalyse zu besorgen. Das war unverzeihlich.

Hat nicht Havelock Ellis, der Wortis an Freud verwiesen hatte, das grausame Wort geprägt: *Heads I win, Tails you lose* (Bei Kopf gewinne ich, bei Zahl verlierst du), das Freud später auf der ersten Seite von »Konstruktion in der Analyse« zitiert hat?

Ob nun zu Recht oder zu Unrecht (aber wer leiht schon von Armen?), von Lacan hat man das Wort übernommen: »man müßte schon ein Jude sein, um jemandem seine eigenen Worte zu verkaufen«; und auch wenn das Wort nicht von ihm stammt, es hätte von ihm kommen können, so sehr ähnelt es ihm in seiner beißenden Ironie. Ohne völlig richtig zu sein (welche schlagende Formulierung ist das schon?), macht dieser Satz doch deutlich, daß eine der Stärken der analytischen Situation darin besteht, dafür zu sorgen, daß der Analysand durch eine Art von Diskurs, die ihm aufgezwungen wird, einen Mehrwert an Sinn produziert, der auf andere Weise nicht produziert werden könnte. So gesehen, bleibt die Erfindung der analytischen Situation die Haupterfindung Freuds, zumindest in dem Sinne, daß es davor nichts Vergleichbares gegeben hat. Die analytische Situation *schafft* die Voraussetzungen für ein Sprechen, das keinem anderen ähnlich ist. Es entfaltet sich in einem speziellen Resonanzraum, wo es Sinnabgleitungen, Umleitungen und Permutationen von Bedeutungen erfährt, die bewirken, daß der Analysand sein eigenes Sprechen nicht in einer reinen Warenwelt erkauft, in der die Werte sich ausgleichen; und daß diese »psychoanalytische Situation« (wie Freud sie genannt, angestrebt und geschaffen hat) sich in ihrem Entfaltungsprozeß in einen *psychoanalytischen Raum* umgewandelt hat, der bewirkt, daß das, was in ihm von der einen oder anderen Seite gesagt wird, einen Mehrwert an Bedeutung bekommt, der zu jenen inneren Werten gehört, um die schon immer diskutiert wurde und die der reinen Logik des Warentausches entgehen.

Man sollte nicht nur hinzufügen, daß in diesem einzigartigen Prozeß das Sprechen des Analysanden einen Bedeutungszuwachs bekommt, sondern auch daß die Erfahrung, das Wissen und das Können des zweiten Vertragspartners dazu beigetragen haben. Wir befinden uns unzweifelhaft in einem Raum, der sich beim Austausch von Geld von der Sphäre der affektiv mehr oder weniger gleichgültigen Tauschhandlungen unterscheidet. Die als Preis für eine Sitzung verlangte Geldsumme ist eine schlichte konventionelle Größe. Die Austauschterme Interpretation = Geld können keiner gängigen ökonomischen Berechnung unterliegen, da die hier ausgetauschten Werte jenseits jeder objektiven Bewertung liegen. Der einzige Punkt, an dem die Berechnung wieder an den sozio-ökonomischen Bereich anknüpft, ist einerseits die – selbst subjektive – Einschätzung der Bedürfnisse des Analytikers durch ihn selbst, und andererseits die Einschätzung des Analysanden über den Anteil seiner Einkünfte, den er dafür ausgeben möchte, was seinerseits völlig subjektiv ist, sei es, weil dieses Einkommen recht hoch ist, oder weil der Analysand im voraus (und zu Unrecht) die Dienste überschätzt, die er erwartet und die er mit Hilfe des völlig abstrakten Geldfaktors erwerben will. Gerade diese Abstraktheit bewirkt, daß das Geld der Agent der größtmöglichen objektiven Egalisierung von Tauschhandlungen ist. Der juristische Begriff der Gleichheit der Rechte, der selbst eine voluntaristische Abstraktion ist, findet seine umfassendste Übersetzung im unbestimmten Charakter des Geldes.

Die Werteinheit, über die ein Reicher verfügt, hat nicht mehr Wert als die eines bettelarmen Clochards.

Es hat den Anschein, als ob Melanie Klein – trotz ihrer Verdienste und ihrer Kreativität, die uns die einzigen wirklichen Fortschritte in der psychoanalytischen Theorie und Praxis seit Freud ermöglicht haben – zumindest der Faszination der Dinge erlegen ist. Die Fäkalien, die bei Melanie Klein ein

Hauptthema bilden, haben für sich genommen keine Bedeutung.[71] An sich sind sie nur das wert, was sie sind. Mehr sind sie nur insofern wert, als sie eine Verbindung – um ganz objektiv zu beginnen – zwischen der Mutter und ihrem Kind herstellen. Mutter und Kind befinden sich in einer Situation, die in der Sphäre der ökonomischen Gegenstände mit der von Produzent und Konsument verglichen werden kann. Die Mutter steht auf der einen Seite des Prozesse, das Kind auf der anderen.[72] Der Wert, den beide diesem Prozeß beimessen, bekommt durch seine affektive Ladung, die sie verbindet, jenen Trieb-Mehrwert, der daraus eine symbolische Kraft macht, die sich nur in dem ideellen Bereich entfaltet, in dem sich beide befinden, nämlich dem einer Beziehung, in der das Objekt der Untersuchung selber verschwindet. Fäkalien-Gabe: eine Zusammenstellung, die nicht mehr Wert und Bedeutung hat, als der Schriftzug, der sie vereinigt. Ein formaler grammatikalischer Indikator, eine deiktische Funktion. Die Fäkalien sind so etwas wie das Sandkorn, das benötigt wird, damit die Auster um es herum die Substanz ablagern kann, aus der später eine Perle entsteht. Die symbolischen Verhärtungen bewirken, daß die Realität der Fäkalien nicht mehr Bedeutung hat als das Sandkorn, aber auch, daß wir ohne diesen winzigen und farblosen Kern keine glänzende Perle bekämen.

Später, in der analytischen Situation, könnte man diese Metapher fortführen. Man kann ohne Schwierigkeiten die Position des Analysanden mit der des Kindes vergleichen – das ist eine Banalität. Was der Psychoanalytiker vom Analysanden verlangt, ist nicht so weit von dem entfernt, was die Mutter vom Kind verlangt. Die »freien Assoziationen«, das *Ganze* des

---

71 »Ich interessiere mich nicht für Gegenstände«, sagte Braque, »sondern nur für die Beziehungen zwischen ihnen.«

72 Diese Anordnung im Raum der familiären Beziehung nimmt lange vorher die Anordnung der beiden Hauptmitspieler der analytischen Situation im künftigen Raum der Analyse vorweg.

Denkens ist einer der symbolischen Ausdrücke für die Darmentleerung, die die Mutter erwartet. Der Psychoanalytiker befindet sich in der gleichen Erwartung und ist genauso enttäuscht, wenn der Analysand nichts von sich gibt. Dem Schweigen des Mundes entspricht für die Mutter die hartnäckige Schließung des Schließmuskels. Der Psychoanalytiker verwandelt dieses erbärmliche Durcheinander, das weder Hand noch Fuß hat, in das reine Gold der Analyse[73].

Die freien Assoziationen in ihrer unbekannten und als ihnen zugehörig verleugneten Gewaltsamkeit, in der ungeordneten, erratischen und triebhaften Wildheit und als *Aus-Druck* dessen, was sich im Hexenkessel des Unbewußten zusammenbraut, können ohne Übertreibung mit der Entleerung des Darms verglichen werden.[74]

Zu sagen, daß die alte Liebe des Kindes zu seinen Fäkalien das Vorbild ist, das später jene getreuliche Mimesis bestimmt, zu der die Liebe zum Geld und zu Besitztümern wird, ist eine Idee, die ebenso genial wie, vermutlich, richtig ist. Aber wir kommen damit nicht sehr weit beim Verständnis einer Frage voran, deren Komplexität die gesellschaftlichen, kulturellen und ökonomischen Bereiche unserer Gesellschaften bestimmt. Wie die seit langem abgestorbene Eichel der winzige Ursprung einer Eiche ist, die ihre Wurzeln tief in die Erde bohrt und mit ihrem Wipfel den Himmel berührt, so ist dieser elende Exkrementenhaufen der ursprüngliche Humus, auf dem das Besitzstreben genährt wurde und sich entwickelt hat.

Die Schönheit des begehrten Objektes, der Goldrausch (an

---

73 Hielt Lacan deshalb die sogenannte »Lehr«-Analyse für *das reine Gold der Analyse?*

74 Freud schrieb in einem berühmten Abschnitt der Metapsychologie, daß der Patient, wenn wir ihm den Trieb übersetzen und präsentieren, sich weigert, ihn als den seinigen anzuerkennen, weil er ihm so fremd und mit einer Explosionskraft ausgestattet zu sein scheint, die er fürchtet.

dem so viele Menschen gestorben sind), der *Akkumulationstrieb* ahmt jene apotropäische Funktion nach, die bewirkt, daß niemand auf die Idee kommt, die *Mona Lisa* mit diesem Joker einer lächerlichen Kotsäule zu verbinden. Die psychische Entwicklung und das gesellschaftliche Umfeld verwandeln ihren Wert in den wirklichen universellen Joker des Geldes und in das, was es kaufen kann.[75]

Man hat das geleugnet, und man wird es weiterhin leugnen, so wie man es schon immer gemacht hat. Man wird weiterhin vom Wahnsinn und sogar von der Dummheit der Psychoanalytiker sprechen. Und trotzdem gilt nicht weniger: *se non è vero è ben trovato*. Ob man uns nun mehr oder weniger humorvoll verspottet, ob die Wahrheit uns wie Wasser zwischen den Fingern zerronnen ist, einen Krankheitsverlauf zu beschreiben, worauf vor Freud noch niemand gekommen ist und wozu vor ihm keiner den Mut hatte, das ist zumindest die Hälfte einer großen Wahrheit. Angesichts solcher Tiefen, angesichts solcher Geheimnisse darf man keine unvernünftigen Ansprüche stellen.

Nicht das *Gold* als Substanz wird mit den Fäkalien gleichgesetzt, sondern sein außergewöhnlicher Marktwert. Wenn Kohle kostbarer als Gold wäre, würden die Fäkalien in dieser Materie ihr symbolisches Äquivalent finden. Aber dazu ist es geschichtlich nicht gekommen. Das Gold ist rar und somit gesucht geblieben. Keynes hat 1930 errechnet, daß ein Überseedampfer gereicht hätte, um alles Gold zu transportieren, das im Laufe der vorherigen sieben Jahrtausende gefunden wurde. Wenn man kleinen Kindern mit dieser Rechnung den

---

75 Als Boris Jelzin wegen Reformradikalismus aus dem Politbüro der Kommunistischen Partei ausgeschlossen wurde, erklärte er in der *Komsomolskaja Prawda* vom 31. Dezember 1988, »daß der Rubel des Ministers sich nicht vom Rubel der Hausfrau unterscheiden darf.« – Lenin hätte sich in seinem Grab umdrehen müssen, hatte er doch gesagt, daß der künftige kommunistische Staat so sein müsse, daß er auch von einer Köchin regiert werden könne.

Wert ihres Darmbesitzes klar machen könnte, würden sie sicherlich jede Verstopfung vermeiden.

Die Rolle des Geldes in der analytischen Beziehung hat unter den Psychoanalytikern nicht immer die Aufmerksamkeit erregt, die sie verdient (es gab allenfalls eine oberflächliche Annäherung, die den Eindruck erweckt, daß sie so sehr genierte, daß man sich damit nicht mehr als nötig aufhielt).

Was es schwierig macht, dieses Problem angemessen zu behandeln, ist, daß es zum Dreh- und Angelpunkt des analytischen Rahmens gehört und durch seine doppelte Zugehörigkeit charakterisiert wird: es liegt zugleich innerhalb und außerhalb des Rahmens.

Der Analytiker ist wie alle Akteure des ökonomischen Lebens ein Produzent von Gütern, die das Glück gehabt haben, auf einem Markt großen Erfolg zu haben, der plötzlich in die Dimensionen des unersättlichen Marktes des westlichen Welt erweitert wurde, der aber niemals genügend Kraft – oder die erforderlichen Minimalvoraussetzungen – gehabt hat, um in die Märkte *of the rest of the world* einzudringen. Der Rest der Welt – ein Drittel oder ein Viertel – hat genug damit zu tun, für das tägliche Brot zu sorgen, als noch Gelegenheit zu haben, eine barmherzige Couch zu suchen. Es stimmt, daß Freud auf eine bittere Bemerkung von Wortis geantwortet hat, daß jeder Wiener Psychoanalytiker es sich zur Pflicht gemacht habe, zwei Patienten umsonst zu behandeln. Man hat immer seine guten Armen, so wie man auch immer seine guten Juden hat. Nachdem der Rattenmann durch den Krieg von 1914–1918 ruiniert worden war, kehrte er nach Wien zurück, und Freud analysierte ihn in Anerkennung der Fortschritte, die er der psychoanalytischen Wissenschaft ermöglicht hat, nicht nur umsonst, sondern für die der Psychoanalyse geleisteten bedeutenden Dienste verschaffte er ihm auch eine Pension, zu der alle vereinigten Psychoanalytiker dankbar ihren Obolus beisteuerten.

Robert Castel hat eine ebenso schonungslose wie zutreffende Kritik versucht. Wie er zu Beginn feststellt, konnte die Psychoanalyse weder an einem beliebigen Ort noch zu einem beliebigen Zeitpunkt entstehen. Es ist zwar die Regel, wenn irgendwo ein einzigartiges Phänomen auftaucht, zu sagen, warum es nicht anderswo entstehen konnte, aber diese Versicherung ähnelt der der geschichtlichen Vorhersehung: sie wird immer *post eventum* gemacht. Gewiß, Freuds Genie mußte in Wien auf bestimmte Voraussetzungen treffen, damit die Analyse dort entstehen konnte. Castel fügt allerdings hinzu, daß sie nur dort entstehen konnte, wo sie sozio-ökonomischen Bedingungen einer Minderheit das Privileg gaben, die finanziellen Forderungen des Psychoanalytikers befriedigen zu können. Aber Privilegierte dieser Art, die die gesamte Oberfläche der reichen Welt bedecken, hätten noch viel leichter als die Wiener den insgesamt doch recht bescheidenen Forderungen gerecht werden können!

Das Geld hat in der Analyse nicht nur eine imaginäre oder symbolische Funktion, sondern es hat auch eine Funktion im Realen, die, da sie ignoriert wird, jedes Verständnis für die Rolle des Geldes in der Analyse undurchsichtig macht. Der Psychoanalytiker ist ein Produzent von Interpretationen, der seine Ware auf den Markt wirft und der, vermittelt durch ein in Bargeld festgelegtes Äquivalent, Abnehmer findet. Ohne Geld kein Markt; ohne Geld keine Psychoanalyse. Das gleiche gilt für Tomaten.

Kein Psychoanalytiker hätte die verrückte Idee, seine Tätigkeit in jener idealistischen Illusion anzusiedeln, die seiner Praxis eine Art von Exterritorialität zugestehen würde, welche der Behandlung einen Status verliehe, der sie im Bereich eines reinen Lustprinzips ansiedeln und dadurch, daß er dem Geld die Bedeutung einer symbolischen Schuld gäbe, den gesamten Prozeß des Realitätsprinzips leugnete. Gerade das Balancieren zwischen den beiden Grundprinzipien macht die analytische Dynamik aus.

Als das Psychoanalytische Institut von Paris sein Behandlungszentrum eröffnete, gehörte ich zu den ersten, die dort ihre Talente erproben konnten. Ich hatte eine charmante junge Frau in der Analyse, die davon überzeugt war, daß ich, wenn ich in einer Institution arbeitete, nicht die notwendigen Mittel hätte, um eine eigene Praxis aufzumachen. Sie redete sich ein, daß das Geld, das sie mir gab, es mir ermöglichen sollte, mich selbständig zu machen. Zusätzlich zur staatlichen Krankenversicherung betrug der Anteil der Selbstbeteiligung, den sie damals aus ihrer eigenen Tasche zu zahlen hatte, drei Francs und sechzig Centimes. Die Lächerlichkeit des Betrages ging in die beiden Register des Imaginären und des Symbolischen ein. Das Reale war durch die narzißtische Illusion der Übertragung beseitigt worden. Das Imaginäre und das Symbolische ermöglichten es ihr, die Realität dieser drei Francs sechzig in eine Summe zu verwandeln, die es mir langfristig doch erlauben sollte, Praxisräume zu bezahlen.

Wie ich oben geschrieben habe, steht das Geld zugleich außerhalb und innerhalb des analytischen Raumes, so wie für Hegel der Mensch zugleich *innerhalb* und *außerhalb* der Natur steht.

Solange der Vertrag eingehalten wird, zahlt der Analysand das Geld niemals, *während er auf der Couch liegt*. Er überreicht es von sich aus, intuitiv, außerhalb der analytischen Situation. Er überreicht es entweder zu Beginn der Sitzung, indem er den Umschlag diskret auf den Schreibtisch legt, während er häufig noch aufrecht steht, oder aber am Ende der Sitzung, entweder in einem Umschlag und, wenn er ein etwas freieres Verhältnis zum Geld hat, direkt von Hand zu Hand. Wenn der Vertrag mit angemessener Diskretion eingehalten wird, bleibt das Geld außerhalb des psychoanalytischen Raumes.

Das Geld sollte nur dann ins Innere der analytischen Situation eindringen, dort eine Rolle spielen und zum Gegenstand von Interpretationen werden, wenn es eine ökonomische Asymmetrie gibt. Deshalb muß der Analytiker eine besondere Aufmerksamkeit auf die Vorgespräche legen und seine Forderungen den finanziellen Möglichkeiten des künftigen Patienten anpassen. Sonst wird eine Analyse, die durch einen falsch eingeschätzten Austausch aus dem Gleichgewicht kommt, scheitern. In den Fällen dagegen, wo die Entsprechung von Angebot und Nachfrage richtig eingeschätzt wurde, wird sich das Geld in dieser Übereinstimmung auflösen und in die analytische Situation nur durch seinen *Mangel* zurückkehren, also dann, wenn es an Geld fehlt. Es wird die Transparenz des analytischen Milieus trüben, seinen Brechungsexponenten erhöhen, so daß sich die bei der ursprünglichen Übereinkunft festgelegten Beträge negativ auswirken und – je nach Fall mehr oder weniger – zu einem Konfliktgegenstand werden, indem sie als Übertragungsprobleme zutage treten. Das äußert sich in Fehlleistungen: die Nichtbezahlung von Sitzungen zu den vereinbarten Bedingungen, das Vergessen der Bezahlung, Berechnungsfehler, Bitten um Stundung etc. versetzen den Analytiker in Alarmbereitschaft, weil diese Verhaltensweisen auf Widerstände oder negative Übertragungen hinweisen. Aber der Widerstand ermöglicht es der Analyse voranzuschreiten. Die schmerzhaften finanziellen Vereinbarungen spielen die Rolle von Vektoren, die notwendig sind, um verborgene Bedeutungen an das Licht zu bringen.

VORHERRSCHAFT, UNSTERBLICHKEIT: EIN ACHILLES OHNE FERSE?

Was antwortet Harpagon, als Frosine ihm zeigt, wie lang seine Lebenslinie ist, und sagt: »Sie werden älter als hundertzwanzig [...], Sie werden Ihre Kinder und Kindeskinder noch beerdigen?« Er sagt: *Um so besser!* Als man ihm seine Geldkassette stiehlt, läßt ihn nicht das verschwundene Geld aufschluchzen. »Sie töten mich, sie ermorden mich.« Das Geld ist nicht da, um ausgegeben zu werden, es ist eine anti-entropische Macht, die verhindert, daß der Todesengel sich nähern kann. Goldsäcke sind besser als Sandsäcke, sie schieben sich zwischen ihn und das Subjekt, das es verstanden hat, so viel Gold wie möglich anzuhäufen. Die Augen der schrecklichen Cibot in *Vetter Pons* bekommen leuchtende, goldene Flecken, als sie den von Pons angehäuften Schatz sieht, aufgrund einer Art von umgekehrter Mimesis, die bewirkt, daß ihre Augen dem begehrten Gold zu ähneln beginnen.

»Alexander von Makedonien kommt an die Pforte des Garten Eden und ruft ›Öffnet das Tor für mich‹, und man antwortet ihm ›Das ist das Tor des Herren, die *tzaddikim* (die Gerechten) werden dahin eingehen‹ (*Psalm* 118, 20). ›Ich bin König, ich bin ein wichtiger Mann, gebt mir irgend etwas!‹ Man gibt ihm einen Augapfel. Er wog all sein Silber und all sein Gold, aber alles zusammen wog nicht so schwer wie der Augapfel. Was ist geschehen (fragt Alexander)? Das ist das Auge des menschlichen Wesens, das niemals genug bekommen konnte. Woher wißt ihr das? Bedecke es mit ein wenig Erde und es wird leicht werden, denn es steht geschrieben ›sheol (der Abgrund) und avadon (das Grab) werden nimmer voll und die Augen des Menschen sind unersättlich‹ (*Sprüche* 27, 20) (*Tamid* 32 b).«[76]

So wie Harpagon glaubte auch Alexander der Große, nachdem er die damals bekannte Welt erobert und sich unermeßlicher Reichtümer bemächtigt hatte, daß sie genügen würden, um dem üblichen Schicksal menschlicher Lebewesen zu entgehen. Als diese Erwartung sich als falsch erwies, verlor er nichts vom Hochmut des Besitzenden und wollte direkt in den Garten Eden eintreten. Aber die *tzaddikim* (die Gerechten) waren wachsam. Niemand darf hier eintreten, der nicht verstanden hat, Erkenntnis anzustreben und nicht etwa materielle Reichtümer. Diejenigen, die immer mehr haben wollen, werden nichts haben. Das menschliche Auge symbolisiert die Begierde nach allen möglichen Reichtümern; sie ist ungezügelt, maßlos und skrupellos, was die Art und Weise des Erwerbs betrifft – bis hin zum Verbrechen. Das menschliche Auge sieht alles, besitzt alles. Seine Reichtümer überbieten sogar die des Alexander. Gibt es ein Mittel, dem zu entkommen? Ja, antwortet die *Bibel*. Wieder zu Erde werden. Der Tod ist der einzige Zustand, in dem man nichts mehr begehren kann.

Man sieht, daß die *Bibel* die absolute Gegenposition zu der Illusion des Sterblichen einnimmt, der mit Hilfe von angehäuften – mehr oder weniger rechtmäßig erworbenen – Reichtümern eine Barriere gegen den Tod errichten will, wobei diese Unersättlichkeit in ihrem Wahn, in ihrer Negation der Sterblichkeit, nur einen Tod sehen kann, der ihn dazu zwingt, die angehäuften Reichtümer auf Kosten seiner Ewigkeit aufzugeben: Er verliert sein Leben, wird seines Lebens beraubt, weil er

---

76 Zitiert nach E. Deutsch, a. a. O., S. 104–105.

kein anderes Ziel als die vergebliche Anhäufung von Gütern gehabt hat. Der Geiz nimmt mit dem Alter zu (man kann sich Harpagon nur schlecht als Jüngling vorstellen), so als bildeten die Güter einen Schutzschild, einen Wall gegen den Tod.

»Der Tod ist unvermeidlich«, sagt Balzac, »vergessen wir ihn.« Aber das kann keiner. Der Gläubige vergißt ihn nicht. Und zwar so wenig, daß er seine Gebete spricht und immer wieder hinkniet, um den Himmel auf seine Seite zu bringen, und dabei hofft, daß es ihm besser als Alexander ergeht und er Zugang zum Garten Eden bekommt. Die Leidenschaft für das Gold, für seine Anhäufung ist eine phantasmatische Versicherung gegen den Tod. Die weltliche Form des Glaubens an die Unsterblichkeit. Balzac hat in durchfieberten Nächten, aufrecht stehend, mit Hilfe zahlloser Tassen Kaffee, sein irdisches Leben in der Illusion verbracht, daß die Anhäufung der vielen Tausend Seiten der *Menschlichen Komödie* ihm Unsterblichkeit verschaffen würde. Er hat sie bekommen. Allerdings nicht die, die ihm vorschwebte – er starb mit fünfzig Jahren, jung verheiratet, in der Meinung, er hätte noch viel Zeit vor sich, an einem Herzen, das nicht mehr konnte.

Für Balzac hat der Schriftsteller die Gabe des *doppelten Blicks*; er sieht intuitiv; falls er sein Augenlicht verlieren sollte, den Blick der Augen, bliebe ihm noch der andere Blick. Wie der blinde Greis in *Facino Cane*, dessen Mutter, als sie schwanger war, Gold sehen mußte und ihm die Fähigkeit, Gold *riechen* zu können und bei seiner Annäherung zu erschauern, übermittelt hat: *Ich rieche das Gold*, sagt er. Auf Kosten der Serenissima eignet er sich ungeheure Reichtümer an. Er hat sechs Millionen, kann aber nicht vergessen, daß er in der von ihm geplünderten Schatzkammer dreißig Millionen in Silber, zwanzig Millionen in Gold und mehrere Millionen in Diamanten, Perlen und Rubinen zurücklassen mußte. Hat ihn, als er seine sechs Millionen genießen konnte und er mit Blindheit geschlagen wurde, seine Fähigkeit, Gold zu sehen, nicht zu einem Mißbrauch des Sehvermögens gebracht, das ihn dazu bestimmte, sein Augenlicht zu verlieren?

Wenn meine zwar bescheidenen, aber ausreichenden Mittel genügen, um einen auf Räder montierten Kasten und einen Motor zu kaufen, der es ihm erlaubt, sich zu bewegen, so habe ich kein Fahrzeug erworben, sondern ein Statussymbol. Die erleichterten Ortsveränderungen lassen mich glauben, daß diese Kilometer, die ich mit Hilfe meiner Maschine durcheilen kann, keine bedeutungslosen Strecken mehr sind. Durch die Bewegung des Autos, das ich fahre, ist eine appropriative Bindung zwischen mir und der befahrenen Straße entstanden. Aber es genügt, daß mein Kauf sich als schlecht erweist, daß mein Auto, auf das ich eben noch so stolz war, mitten auf der Straße eine Panne hat, damit diese ihren spezifischen Widerstand entwickelt und das Auto mich geradezu feindselig anstarrt, so daß das, was ich eben noch als eine narzißtische Vergrößerung meiner Besitztümer empfunden hatte, sich gegen mich wendet und die Unsicherheit jenes glorreichen Ichs enthüllt, das dahinfuhr und sich einbildete, daß es, je schneller es fuhr, sich um so mehr die durchfahrenen Strecken aneignen würde. Die Panne, der Stillstand versetzt es in die Verblüffung eines Alptraums im Wachszustand. Seine Maschine ist nicht mehr sein fliegender Teppich. Sie ist ihrem tellurischen Schicksal wiedergegeben, ein Blechhaufen für die Schrottpresse, und der Besitzer ist wieder in den Zustand der Mittellosigkeit zurückversetzt, in seine verlorenen Illusionen. Je länger der Stillstand dauert, um so mehr erscheint der Zustand der Maschine irreparabel; andere Autos fahren an mir vorbei, und ich sehe in ihren glücklichen Besitzern verächtlich oder spöttisch blickende Rivalen. So, in aufeinanderfolgenden Stufen, kann man sich vorstellen, wie der Kampf um den Besitz ausbricht. Jeder sieht in dieser Enteignung eine verborgene Form der Entropie seines Daseins, seiner drohenden Auflösung – seines bevorstehenden Todes. Das soll einem eine

Lehre sein. Man hat gespürt, daß man, um sich gegen die Vergänglichkeit seines Daseins abzusichern, die Qualität seiner Besitztümer erhöhen muß.

Was wollte John Law? Sich bereichern? Das hätte er mit seinem Genie und seiner fruchtbaren Phantasie hundert Mal tun können. Er wollte aber viel mehr, nämlich die Regentschaft retten, wofür ihn der Souverän in den Adel erhob und ihn zum ersten – und bis heute einzigen – Herzog von Arkansas machte und endlich zum Generalkontrolleur der Finanzen. Er wurde wichtiger als Ludwig XV. Dieser und seine Regierung waren von nun an von ihm abhängig. Umgekehrt galt das nicht mehr. Law nahm den Platz des Königs ein, der nur den Schein der Macht bewahrte. Die Macht lag in den Händen dessen, der die Welt gelehrt hatte, daß das Wunder der Geldvermehrung keine Angelegenheit des Himmels mehr sein mußte. Die Vermehrung des Brotes erschien nur noch als eine Wundertat aus jenen fernen Zeiten, in denen es für die Hungernden nicht einmal Brot gab. Law konnte die ganze Welt kaufen.

Kann es einen Achilles ohne Ferse geben? fragte Chamfort. Ebensowenig wie einen unsterblichen Menschen.

Ein Tier stirbt, wenn seine Stunde gekommen ist. Der Mensch stirbt immer zu früh, auch wenn er zu seiner Stunde – die nie die seine ist – eines natürlichen Todes stirbt. Das ist ein *menschlicher Tod*, das heißt, ein Tod, der eintritt, wenn der Mensch noch nicht alle seine Möglichkeiten erschöpft hat. Der Mensch begibt sich in tödliche Auseinandersetzungen, da er weiß (und gerade das ist der Sinn seines Kampfes), daß er sein Leben verlieren kann. Gerade aus diesem Todesbewußtsein, aus diesem Risiko, dem er sich freiwillig aussetzt, bezieht der Mensch die Gewißheit seiner Endlichkeit und sein Selbstbewußtsein. Wie Hegel sagt, wird der Mensch nur zum Menschen, wenn er der Negativität ins Gesicht sieht und in ihrer Gegenwart aushält. Aber der Mensch hat niemals die Gewißheit seines Todes, wenn er sich in einem Kampf auf Leben und Tod mit dem anderen befindet. Es handelt sich eher um einen Prestigekampf, in dem der andere getötet wird: Jeder stellt sich den Tod des Gegners vor, aber nicht den eigenen. Aus dem Glauben an seine Unsterblichkeit bezieht er die Kraft, sich dem Tod auszusetzen.

Wie Chamfort meinte, muß man nicht Gott fürchten, sondern die Menschen. Er weiß, daß sie nur dann glücklich sind, wenn sie die höchste Stufe erreicht haben. Selbst wenn es ihnen gelungen wäre, den Turm von Babel zu bauen, hätte einer noch eine weitere Etage bauen wollen, um sie ganz allein zu bewohnen.

Die älteste Sorge des Menschen gilt seiner Grabstätte. Man denke nur an das Tal der Könige in Ägypten oder an die Pyramiden. Mit dem Bewußtseinm seines eigenen Todes, durch das er Zugang zur Menschheit bekommt, verläßt der Mensch das Tierreich. Zunächst mit dem Bewußtsein der Möglichkeit, und sodann der Gewißheit, daß der Mensch eine einzigartige Stellung in der Welt der Lebewesen hat, daß er der einzige ist, der dem Tod in einem Kampf begegnen kann, der keinerlei biologischen Sinn hat, in einem nackten Kampf, auf der Suche nach einer Vorherrschaft, die ihn über alle Rivalen stellt, an die erste Stelle. Durch die *Sinnlosigkeit* der in Kauf genommenen Gefahren, nicht durch den rationalen Zwang zum eigenen Überleben, durch die reine Begierde, in Kämpfen den Sieg davonzutragen, die, auch wenn sie nicht immer ruhmvoll sind, dennoch immer reine Prestigekämpfe sind, hat der Mensch seine Zugehörigkeit zur Tierwelt transzendiert; indem er das weiß und sich folglich dem entgegenstellt, was er von seinem eigenen Schicksal weiß, kann er sich niemals von vornherein seinem eigenen Tod unterwerfen. Denn die andere, symmetrische Seite des Todesbewußtseins, die Fähigkeit, zu tun, was La Rochefoucauld fordert, nämlich ihm wie der Sonne ins Gesicht sehen, bedeutet, sich selbst weitgehend zu verheimlichen, daß es eine Illusion ist, ihm entgehen zu können, sich dem Tod entziehen zu können. Ich selber werde nicht sterben. Morgen, wenn angegriffen wird, stürmen wird aus den Schützengräben heraus. Die Gefahr, die mich angesichts des Maschinengewehrs auf der anderen Seite erwartet, ist, sofern man nicht völlig verrückt ist, nicht zu leugnen, aber: *meine Kameraden werden vielleicht getötet*. Ich nicht.[77]

Die Unverschämtheit des Geldes, das sich nicht mehr verbirgt, sondern sich zur Schau stellt, hat die Medien und die Köpfe überschwemmt; sie, sagt Alain Minc, hat Tapie Camus ersetzt; die Krimis, die *thriller* sind durch die Heldensagen von modernen Raubrittern ersetzt worden, die sich in alle möglichen Geschäfte stürzen, so wie die Westernhelden ein Komantschenlager überfallen: die Fortsetzung des Krieges – um Clausewitz zu paraphrasieren – mit den Mitteln der Finanzwelt. An der Spitze der Staaten stehen keine Könige mehr, sondern der Dollar-König.

Es geht nicht darum, ob man durch diese Veränderung etwas gewonnen oder verloren hat, sondern man muß *begreifen, daß sich nichts geändert hat*. Wir haben die Macht des Sonnenkönigs gegen die von Sir Jimmy Goldschmidt – und zehn anderen, die sich aufs Haar gleichen – eingetauscht. Es gibt nur noch ein einziges wirklich agonales Spiel, ein einziges Kolosseum: das Palais Brongniard. Dieser Tempel des Börsenspiels ist wichtiger und zieht mehr Menschen an als die Messen in Notre-Dame.

Das Geld ist immer nur ein Mittel gewesen. Früher hatte man die Schwäche zu glauben, daß der Kauf von Ablässen (übrigens zu günstigen Preisen) oder gar ein gottesfürchtiges Leben einem den Himmel garantierte. Wir haben beträcht-

---

77 Im *Intransigeant* von 1914 steht, die verwundeten deutschen Soldaten hätten sich völlig anders verhalten als die französischen Soldaten, die verwundet und trotzdem guter Stimmung waren (zitiert bei Alfred Sauvy, *Aux sources de l'humour*, Paris 1988).

liche Fortschritte gemacht. Wir glauben nicht mehr an solche Albernheiten. Eluard hat uns geholfen uns davon zu überzeugen – und es war nicht schwer, uns zu überzeugen –, daß es zwar ein Paradies gibt, daß es aber hier auf Erden liegt. Nichts kommt dem Paradies näher als ein wohlgefülltes Bankkonto.

Nach der Hedschra[78] hat der Prophet eine neue Religion gebracht, die im Widerspruch zu der von Abraham und Moses stand. Die Theologen des Islam mußten den schwierigen Beweis antreten, daß entweder die Bibel gefälscht worden war oder daß das von Gott gegebene *Gesetz* durch das neuere, dem Propheten geoffenbarte Gesetz außer Kraft gesetzt worden war.

Die Arbeiten von Isaac Israeli[79] am Ende des 9. Jahrhunderts sind nur eine Fortsetzung der Arbeiten vom Anfang des Jahrhunderts oder sogar von noch früher. Das Hauptwerk von Saadja Gaon[80] enthält eine Menge von Einzelheiten über das Denken der jüdischen Philosophen in den vorhergehenden Jahrhunderten. Die Auseinandersetzungen zwischen den Juden und den Theologen des Islam erreichten Gipfel der Subtilität, die sich auf die vom Islam eröffneten Möglichkeiten einer widersprüchlichen Pluralität von Offenbarungsreligionen bezogen.

Die jüdischen Denker zeigten den begrifflichen Widerspruch auf, indem sie bekräftigten, daß *Gott* ein *Gesetz* geben konnte, das nicht einmal den Charakter der göttlichen Gestalt hat: die Ewigkeit. Das Gesetz Gottes ist ein Bündnis zwischen Ihm und dem Volk, dem dieses Gesetz unter Bedingungen geoffenbart wurde, die keinerlei Begrenzung oder Unvoll-

---

78 Auswanderung Mohammeds von Mekka nach Medina, Beginn der islamischen Zeitrechnung. [A.d.Ü.]

79 Isaak ben Salomon Israeli (ca. 850–950), *Buch der Definitionen* und *Buch der Elemente*. [A.d.Ü.]

80 Rabbi Saadja ben Josef Gaon (882–942), *Buch der Glaubenssätze und Meinungen*. Hat als erster die Bibel ins Arabische übersetzt. [A.d.Ü.]

kommenheit zulassen können. Selbst die Idee einer »Außerkraftsetzung« im Sinne der islamischen Theologen ist blasphemisch. Das Gesetz ist der Vertrag, den Gott mit seinem Volk geschlossen hat. Aus einer dreifachen logischen, psychologischen und juristischen Sicht kann das Gesetz das Volk nur binden, wenn es von unbegrenzter Dauer ist. Der liebe Gott, sollte Einstein viel später sagen, ist spitzfindig, aber nicht - *boshaft*.

Was immer man auch von dieser Art theologischen Disputs halten mag, fest steht, daß der Kampf zwischen diesen beiden großen Religionen sich um einen einzigen und ungeheuren Einsatz dreht: Wer wird am meisten von Gott geliebt? Wer wird das ewige Leben, das Paradies, erlangen?

Die Priester im alten Ägypten sagten, daß nichts existiert, bevor es ausgesprochen worden ist. Mit dem Todesbewußtsein entsteht zugleich auch seine symbolische Negation. Nichts wurde im Ägypten der Pharaonen weniger ausgesprochen und existierte daher weniger als der Tod.

Der Westernheld überwindet – zumindest im klassischen Western – alle Hindernisse, und dort, wo jeder andere sein Leben gelassen hätte, bleibt er unversehrt. Je größer die Gefahr ist, in der er sich befindet, je hinterhältiger die Falle des Feindes, um so raffinierter und vor allem um so überraschender muß die gute Idee sein, die dem Helden sein Überleben ermöglicht. Mit dieser *Unverwundbarkeit* identifiziert sich der Zuschauer: der Held ist – wie der Zuschauer – unsterblich.

Es ist nicht erstaunlich, daß einer der großen Mythen Nordamerikas, der Gründungsmythos der Nation, *die Geburt einer Nation* (so der Filmtitel von Griffith), die Eroberung des Westens ist. Er beschreibt die Situation jener Eindringlinge, die auf der *Mayflower* gekommen waren, weiß, zivilisiert und protestantisch – den Colt in der einen Hand, die Bibel in der anderen (sie spielt in diesem Genre eine wichtige Rolle) – und die weiten Ebenen bis zum Pazifik mit der Unfehlbarkeit des

Todesengels leerfegten. Dieser Eroberer ist die Metonymie eines Volkes, das sich in ihm wiedererkennt; seine Unsterblichkeit ist die jedes Mitglieds der Gemeinschaft und im weiteren Sinne die jedes Zuschauers. Sein Erfolg auf der gesamten Erdoberfläche ist ein Beleg für die weltweite Verbreitung dieses Phantasmas.

Ein Mythos, der auf die griechische Zivilisation zurückgeht und die Menschlichkeit des Menschen in der Suche nach seiner Einzigartigkeit begründet, ist der von Prometheus. Er hat das Feuer nicht nur gestohlen, um es den elenden Höhlenbewohnern zu bringen, sondern um seinen Vater Zeus *herauszufordern*. Um zu zeigen, daß er selbst angesichts des Donners und des Blitzes, den dieser schleudern konnte, um ihn zu vernichten, keine Angst kannte. Alle anderen, seine Brüder, haben sich unterworfen. Er nicht. Seine grandiose Bestrafung entspricht seiner eigenen Größe, da er nicht zögerte, sich dem Gott der Götter zu widersetzen und sich mit ihm *zu messen*.

Die Konfrontation mit dem Tod bedeutet nicht, den Tod zu suchen – zumindest dann, wenn man an jener Besonderheit der Theorie Freuds festhält, der darin einen »Trieb« sehen wollte –, sondern ihn zu vermeiden. Und ihn zu vermeiden, ohne der Gefahr der Konfrontation auszuweichen – wie es den jämmerlichen Stierkampf-Karikaturen in Südfrankreich eigen ist.

Der Matador sucht zwar die Konfrontation mit dem Tod, aber *immer in der Gewißheit, ihm zu entgehen*.

Der Beifall brandet auf und der Stierkämpfer wird belohnt, wenn er es geschafft hat, den Hörnern – dem Aufschlitzen, Aufspießen – so nahe zu kommen, daß man nicht mehr den unendlichen kleinen Abstand ausmachen kann, der den Tod des Stiers von dem des Toreros unterscheidet. In dieser Nähe zum Tod, in der Authentizität des eingegangenen Risikos, fern von allen verhaßten Trickaufnahmen, liegt für die *afficionados* das Glück, dem Tod zugleich die Stirn geboten und ihn vermieden zu haben.

In einer Stierkampfarena verlangt man von dem, der die Hauptrolle spielt, den Beweis, daß er angesichts dieser wilden Kraft, dieser Explosion des Tiers, die eine Metapher des blinden Todes ist, den Geschicklichkeit und Intelligenz überwinden, unverwundbar ist.

Beim Schachspiel, einem rein agonalen Spiel, sind Zufall und Glück auf ein Minimum reduziert; das Roulette ist das genaue Gegenstück dazu.

Die variable
Sitzungsdauer

Wie man weiß, dauerten die Sitzungen bei Freud fünfund-fünfzig Minuten, dann machte er eine Pause von fünf Minuten und empfing den nächsten Patienten. *Der Professor ist sehr pünctlich*, sagte die Hausangestellte, die den Patienten die Tür öffnete.

Die Analytiker der ersten Generation sind Freud in diesem Punkt zweifellos alle gefolgt. In Frankreich hat Lacan unter den Psychoanalytikern der zweiten Generation nicht nur die Idee und Praxis von kurzen oder verschieden langen Sitzungen aufgebracht, sondern auch versucht (und seine Schüler mehr noch als er selber), dieser Neuerung eine theoretische Grundlage zu geben.

Die Praxis der kurzen oder verkürzten Sitzungen hat man Lacan oft vorgeworfen. Dieser Streit über die für eine Sitzung notwendige Dauer ist ursprünglich sogar der wichtigste – oder zumindest am häufigsten vorgebrachte – Grund für den Verdacht gewesen, dem Lacans Praxis durch die Psychoanalytische Gesellschaft von Paris ausgesetzt war. Wiederholte Verwarnungen und Lacans nicht eingehaltene Versprechen, zu einem orthodoxen Umgang mit der Sitzungsdauer zurückzukehren, wurden zum Hauptgrund für die Abspaltung von 1953. Lacan hat sich später, wenn auch mehr schlecht als recht, verteidigt. Die Begründung der Notwendigkeit dieser *scansion* (ein Wort, das seinen Weg gemacht hat), dieser Skandierung oder Rhythmisierung, die in die Nichteinhaltung der vereinbarten Zeit besteht, wurde weiter vorangetrieben. Was bei dieser Argumentation störend wirkt (aber was in die gleiche Richtung geht, wie alle Analyseregeln, die vom Analytiker *diktiert* werden, das heißt, in Richtung einer zunehmenden Dissymmetrie des Kräfteverhältnisses im Raum der Analyse), ist, daß sich niemand darum gekümmert zu haben scheint, was der Analysand dazu sagt. Die Veränderung der Länge der Sitzung geschieht ständig diesseits der vereinbarten Dauer. Ich habe von keiner *scansion* gehört, die jemals *nach* dem Ablauf der normalen Dauer verordnet worden wäre. Sie wirkt sich immer zu Gunsten des Analytikers aus. Durch eine Art von prästabilierter Harmonie führt die *scansion* immer nur zu einer Verkürzung der Sitzungsdauer. Niemals zu Gunsten des Patienten, der Lacan gepriesen hätte, wenn er ihm die Möglichkeit gegeben hätte, sagen wir, auch nur eine knappe Stunde auf seiner Couch liegen zu dürfen ...

Das lenkt unsere Aufmerksamkeit auf das Hauptthema des vorliegenden Buches zurück: das Geld. Die Gleichgültigkeit des Analytikers – in diesem Fall Lacans – und seine geringe Neigung zu materiellen Genüssen sind bekannt. Aber wenn die Summe der Beträge, die dieser Beruf – der gar keiner ist – einbringt, im gleichen Maße zunimmt, wie die Zeit, die dem Analysanden gewidmet wird, abnimmt, ergibt sich an dieser Schnittstelle zwischen der Arbeit über das Unbewußte und ihrer Bezahlung in klingender Münze ein Problem, bei dem die Wahrheit der analytischen Beziehung bloßgelegt wird.

Die Täuschung über eine auf dem Markt angebotene Ware ist zwar moralsich zu verdammen, aber das größte Übel ist nicht nur ethischer Art. Die Schäden, die diese Unterschlagungen der analytischen Situation zufügen, sind auf andere Weise viel grundlegender und nicht wiedergutzumachen.

Zu den Brechungen, die der analytische Raum in seiner

strengsten Konstruktion bei allen während der Kur formulierten Äußerungen bewirkt, kommen noch die möglicherweise perversen Auswirkungen hinzu, die mit den Verflechtungen von Übertragung und Gegenübertragung und ihren Folgen verbunden sind, welche, ob sie nun bemerkt oder unbemerkt geschehen, der Analytiker nicht korrigieren wollte oder konnte.

Lacan äußerte sich in einem seiner Seminare mit einer gewissen Naivität erstaunt darüber, daß er der Gegenstand eines Kuhhandels gewesen sei. Man höre, daß die psychoanalytische Gesellschaft, der er angehörte (und die er nach der Urszene der Spaltung von 1953 selbst gegründet hatte) ihn der IPA (International Psychoanalytic Association) als Opfer angeboten habe. Der Gegenstand des Handels: im Tausch für die Anerkennung durch die IPA – die durchaus erfolgt ist – die Nichtanerkennung der Lehre von Lacan. Und sein mit Verbitterung gepaartes Erstaunen war um so größer, als er feststellte, daß in diese Behandlung auch ziemlich direkt die weitere Behandlung seiner Analysanden, sprich seiner »aktuellen Analysanden«, einbezogen wurde. Übertragungliebe – Übertragungshaß: zwei zusammengeschweißte Seiten der Neurose, die der analytische Raum erzeugt. Wenn man versucht, die eine als Köder für eine Analytikervereinigung zu benutzen, besteht jederzeit die Gefahr, daß einem die andere um die Ohren fliegt.

Die Manipulationen der Sitzungsdauer haben teratologische Auswirkungen auf den analytischen Raum, der dadurch so verzerrt wird, daß keine Lektüre der Übertragung mehr stattfinden kann mit jenem Minimum an Vertrauen, ohne das – von beiden Seiten her – keine Analyse möglich ist.

Man stelle sich vor, welche Folgen es für die Behandlung und für Übertragungs- und Gegenübertragungs-Beziehungen haben muß, wenn der Analysand sich um zehn im Wartezimmer befindet, ohne zu wissen, wann der Analytiker sich entscheidet, ihn aufzurufen; man denke auch an die Eifersuchts- und Frustrationsgefühle, wenn er unter all diesen »Leidensgenossen« ausgewählt wird oder nicht, wenn er etwas mehr oder weniger lange in Behandlung bleibt als seine Rivalen oder nicht. Wir befinden uns hier in einem bedrückenden und gefährlichen Raum, in dem keinerlei *Analyse* mehr mit einem Minimum an zuteffenden Interpretationen und – für den Patienten – an Sicherheit durchgeführt werden kann. Die Regression, die sich schon aus den allgemeinen Bedingungen der Einrichtung dieses gebrochenen Raums ergibt, in dem die Analyse stattfindet, kann nur verstärkt werden – was erklärt, warum so viele Analysanden sich darauf einlassen, daß die Grundregeln der Analyse nicht eingehalten werden. Der Masochismus, der das eigentlich gar nicht nötig hat, wird sich mit einem Stahlpanzer versehen, den keine Analyse mehr aufbrechen kann. Dann geht es wirklich darum, die Übertragung zu LIQUIDIEREN. Und was macht man mit den Nachwirkungen der Übertragung, die oft ganz enorm sind? Was soll's, man gründet Analytikergesellschaften.

Gewiß, Lacan und seine Nachfolger haben Unrecht, wenn sie die Sitzungsdauer nach ihren Launen und nach ihren Zu- und Abneigungen gestalten, aber ich habe auch immer gesagt, daß es (orthodoxe) Analytiker gibt, die je nach der Zahl der jedem einzelnen gewidmeten Minuten eine doppelte Vermarktungsstrategie mit variablen Preisen anwenden. Ein wenig so wie der Bananenverkäufer, der einem die Bananen fast umsonst gibt, wenn man nur die ganz reifen nimmt.

Der fragliche Analytiker hatte einen regelrechten Staffeltarif: dreißig oder fünfundvierzig Minuten. Diese technische Neuerung hatte zumindest den Vorzug, Farbe zu bekennen. Was der Analyand empfand – wenn er noch Lust hatte, sich auf dieser Couch auszustrecken – und wie in ihm, war die narzißtische Flaute der ersten Sitzungen einmal überwunden, die Übertragungstürme, die durch diese doppelte Vermarktungsstrategie genährt wurden, nachhallten, hat auch der Analytiker, der sich freiwillig in diese Situation begeben hatte, bald gespürt.

Man könnte träumen: Warum sollte man, wenn die Analytiker seltener würden[81], die Analysen und ihre Dauer nicht öffentlich an den Meistbietenden versteigern? Aber das geschieht oder geschah zumindest tagtäglch.

Unter dem Vorwand von Zeitmangel und durch endlose Wartelisten werden unangenehme Klienten ausgeschlossen. Je nach Ansehen, Hierarchie und Berufserfahrung steigen die Preise der Sitzungen, während die Zahl der Minuten sinkt. An der Spitze der Pyramide stehen diejenigen, die nur Analysanden aus den besten Kreisen annehmen.

Mein angeblich fehlender Respekt vor der Hierarchie, wenn er denn dafür gelten muß, wäre ein bedauerlicher Irrtum. Denn ich gehöre ja zur Spitze der Pyramide; und weil in einer Marktgesellschaft das Gesetz von Angebot und Nachfrage den Tausch steuert, ist es nur gerecht, daß meine Interpretationen – die ich verkaufe – Preise erzielen, die ihrer angenommenen Stichhaltigkeit entsprechen. Nichts zwingt den Analysanden, darauf einzugehen. Viele Leute tragen nur Klamotten aus dem Ausverkauf, warum hat sich der Analysand nicht unter Analytikern im Ausverkauf umgesehen? Sie werden ihm ebenso nützlich sein, wie die Kleider aus dem Ausverkauf. Aber genau hier tritt der Narzißmus auf den Plan: Es gibt eben Leute, die sich nur in London, Savile Row, einkleiden und die nur Davidoff-Zigarren rauchen.

Was die allgemeine Rolle betrifft, die das Geld bei der gesellschaftlichen Befreiung und bei der Unabhängigkeit von Individuen gespielt hat, sind keine langen Ausführungen notwendig. Was zweifellos viel pikanter erscheinen mußte, ist, daß die Analyse selbst sich nur in einer Marktgesellschaft entfalten und entwickeln konnte – genauer gesagt, unter dem Regime der liberalen Ökonomie und durch die Vermittlung des Gel-

---

81 Wofür wenig spricht: Eine jüngere Statistik zeigt, daß wir vor vierzig Jahren fünfzig waren. Heute sind wir ungefähr fünftausend.

des, dieses neutralen Mittels für universelle Tauschbewegungen. Nur das Geld hat die Geschmeidigkeit, die es erlaubt, einen bestimmten Betrag festzulegen, der für angemessen gehalten wird, eine derartige Dienstleistung zu bezahlen, deren Wert nach einer Menge von Faktoren variieren kann. Der Tauschwert einer Analysestunde ist nicht festgelegt, sondern schwankt von einem Analysanden zum anderen entsprechend taktvoll verschwiegenen Parametern, die sich in Abhängigkeit von Unwägbarkeiten verändern können, welche entweder mit der Veränderung des ökonomischen Status des Analytikers oder mit bestimmten Entwicklungen der Analyse verbunden sind.

Die extreme Schwierigkeit bei der objektiven Bewertung dessen, was für die Behandlung selbst nützlich ist und was nur der Selbsteinschätzung dient, die sich der Analytiker vom Wert der Dienste macht, die er zu liefern meint, beruht auf unvorhersehbaren Faktoren, die oft auch der Aufmerksamkeit des Analytikers entgehen und die ebenso zahlreich sind, wie die Fallen, die von seinem eigenen Unbewußten aufgestellt werden. Niemand kann mit Sicherheit sagen, daß er seine eigene unbewußte Subjektivität so im Griff hat, wie das im Fall des Analysanden möglich ist. Niemand kann dem Analytiker mit einer vernünftigen Sicherheitsmarge garantieren, daß die Bewegungen seines Unbewußten für den Analysanden, insgesamt gesehen, mehr Vorteile bringen als für ihn selber.

Zum zweiten ist es bei einer Beziehung, die so eng und so geheim ist, daß niemand von außen auch nur den geringsten Blick darauf werfen oder ein Urteil darüber abgeben kann, unmöglich einzuschätzen, ob eine Erhöhung des Wertes für den vom Analytiker geleisteten Dienst wirklich der Vermehrung dessen dient, was der Analysand dabei erwirbt. Auf einem Markt, der von den unerschütterlichen Gesetzen von Angebot und Nachfrage gesteuert wird, richtet sich der Preis der angebotenen und erworbenen Ware an einem Durchschnittswert aus, der den Gleichgewichtspunkt der Austauschbewegungen darstellt. Nichts davon gibt es beim analytischen Tausch, da dieser Markt mit der affektiven Hypothek der Übertragung belastet ist, die bewirkt, daß die beiden Parteien die Sphäre der Objektivität des Handels verlassen, um sich in einem Raum wiederzufinden, der die Tauschgesetze derart deformiert, daß jede ökonomische Auslegung unangemessen wird. Das gilt allerdings nicht für die Sprache, die in der Analyse verwendet wird. Sie wird hier weder verzerrt, noch kennt sie eine Pathologie von Aussagen und Bedeutungen, also jene grammatikalischen Eskapaden, semantischen Strabismen und Phänomene der Enantiosemie, die bewirken, daß die Reinheit der in Geld umgesetzten Tauschhandlungen im Rahmen einer Syntax undurchsichtig oder unlesbar wird, welche normiert wird, um Interpretationsraster in Anspruch zu nehmen, bei denen es für uns immer schwieriger wird, eine Kongruenz zu garantieren und die Beweisführung zu begründen.

Freud und in seiner Folge zweifellos alle Psychoanalytiker der ersten und zweiten Generation haben es genauso gemacht, sie haben die Dauer einer Sitzung auf fünfundfünfzig Minuten festgelegt. Erst mit Lacan, der zur zweiten Generation gehörte, wurden die Analytiker mit einer grundlegenden Änderung konfrontiert.

Lacan hatte zur Zeit der Spaltung viele Analysanden, und unter diesen im Verhältnis zu anderen Psychoanalytikern gleichen Ranges sehr viele »Lehr«-Analysen. Sacha Nacht vertraute mir damals an, daß Lacan sechzehn »Lehr«-Analysen laufen hatte, während er, wie er hinzufügte, »nur sechzehn insgesamt« hatte. Es ist sicherlich auch richtig, daß Lacan die »Lehr«-Analyse später, nach der Spaltung, als das *Gold der Analyse* bezeichnet hat. Man könnte dazu noch einige witzige Anekdoten erzählen, aber das scheint mir fehl am Platze, weil wir es hier mit einer bestürzenden Maßnahme zu tun haben. Und wenn ich die Veränderungen der Sitzungsdauer so einschätze, dann deshalb, weil sie die fragile und delikate Mechanik des Analyseprozesses derartig verfälschen, daß sie gebrandmarkt wird. Dabei geht es nicht nur um ethische Fragen oder, noch einfacher, um eine elementare berufliche Pflichtenlehre, denn diese Neuerung führt in die analytische Situation ein derartig störendes Element ein, daß von da an *nichts* mehr vom Heilungsprozeß in der Analyse intelligibel sein kann, es sei denn, sie dient – als Gold – zur Schaffung von analytischen Institutionen, die allzu bald ihre perversen Wirkungen in der völligen Entfremdung zwischen den »Schülern« und dem *absoluten Herrn* fühlbar machen würden. Dazu gehören, auf dem Höhepunkt der Revolte, die Anrufung von Schiedsrichtern, blutige Fraktionskämpfe etc. In meinen Augen ist das weniger eine Frage der Ethik, auch wenn sie in diesem Fall ein Wort mitzureden hätte, als vielmehr die Nichteinhaltung von vertraglichen Absprachen, mit denen zu Beginn der Analyse ein Einvernehmen hergestellt wurde, und die diesen Variationen ihren unerträglichen Charakter eines Vertragsbruchs verleihen, beruhend auf einem Gewaltakt, der in Gestalt der Karikatur zeigt, daß die analytische Situation auf einer diskreteren – und angemesseneren – Gewalt beruht.

NAMENSVERZEICHNIS